Posttraumatische Belastungsstörung

Fortschritte der Psychotherapie
Manuale für die Praxis

herausgegeben von

Prof. Dr. Dietmar Schulte, Prof. Dr. Klaus Grawe
Prof. Dr. Kurt Hahlweg, Prof. Dr. Dieter Vaitl

Band 8

Posttraumatische Belastungsstörung

von

Anke Ehlers

Hogrefe · Verlag für Psychologie
Göttingen · Bern · Toronto · Seattle

Posttraumatische Belastungsstörung

von

Anke Ehlers

Hogrefe • Verlag für Psychologie
Göttingen • Bern • Toronto • Seattle

Prof. Dr. Anke Ehlers, geb. 1957. 1976-1983 Studium der Psychologie in Kiel und Tübingen. Danach Tätigkeit als Research Scholar an der Stanford University School of Medicine, USA, und als Hochschulassistentin am Fachbereich für Psychologie der Universität Marburg. 1985 Promotion. 1990 Habilitation. 1991-1993 Professorin für Klinische Psychologie an der Universität Göttingen. Seit 1993 Forschungsprofessorin (Wellcome Principal Research Fellow) am Department of Psychiatry der Universität Oxford.

Die Deutsche Bibliothek – CIP-Einheitsaufnahme

Ein Titeldatensatz für diese Publikation ist bei Der Deutschen Bibliothek erhältlich.

Rohnsweg 25, D-37085 Göttingen

http://www.hogrefe.de
Aktuelle Informationen • Weitere Titel zum Thema • Ergänzende Materialien

Satz: Beate Hautsch, Göttingen
Druck: Schlütersche GmbH & Co. KG Verlag und Druckerei
Printed in Germany
Auf säurefreiem Papier gedruckt

ISBN 3-8017-0797-0

Inhaltsverzeichnis

Danksagungen

In diesem Buch stelle ich den kognitiv-behavioralen Therapieansatz für die Posttraumatische Belastungsstörung dar, den unsere Arbeitsgruppe in Oxford entwickelt und wissenschaftlich überprüft hat. Ich danke David M. Clark, Melanie Fennell, Ann Hackmann, Freda McManus und Regina Steil für die produktive und erfreuliche Zusammenarbeit. Auch Edna Foa gilt mein Dank für viele anregende Diskussionen und eine gute Zusammenarbeit. Von Edna Foa haben wir das generelle Vorgehen zum imaginativen Nacherleben des Traumas weitgehend übernommen und mit kognitiven Therapiemethoden integriert. Das Informationsblatt für Patienten basiert auf einem Entwurf von Edna Foas Arbeitsgruppe, den Melanie Fennell und ich für unseren Therapieansatz adaptiert haben. Ulrike Gramse danke ich für die Übersetzung von Teilen meiner englischen Manuskripte. Regina Steil, Dietmar Schulte, Kurt Hahlweg, Klaus Grawe und Stefan Benna haben wertvolle Anregungen zur ersten Fassung des Manuskriptes gegeben, für die ich mich ebenfalls herzlich bedanken möchte. Für das Korrekturlesen des Textes danke ich Ulrike Gramse, Antje Horsch und Ingo Schäfer.

Während der Vorbereitungen zu diesem Buch starb eine der herausragenden Persönlichkeiten der deutschen Klinischen Psychologie, meine Mentorin Irmela Florin. Sie hat gelehrt, dass die effektive Behandlung psychischer Störungen *Störungswissen* (d. h. die Analyse der spezifischen Faktoren, die eine Störung bedingen und aufrechterhalten) und *Behandlungswissen* voraussetzt (d. h. das Wissen um die spezifischen Interventionsmethoden, die zur Modifikation von Verhalten, Erleben und Denken wirksam sind). Der hier beschriebene Therapieansatz fußt auf diesem Grundsatz. Ich hoffe, das Buch hätte Irmela Florins Wohlwollen gefunden. Es ist ihrem Andenken gewidmet.

1 Beschreibung des Störungsbildes

Kernsymptome: Wiedererleben, Erregung, Vermeidung, Gefühlstaubheit

Erste systematische Beschreibungen der Symptome, die nach traumatischen Erlebnissen auftreten, wurden am Ende des 19. und Anfang des 20. Jahrhunderts anhand von Überlebenden schwerer Eisenbahnunglücke, Soldaten der beiden Weltkriege und Überlebenden des Holocausts vorgelegt. In diesen Beschreibungen finden sich die typischen Symptome, wie wir sie auch heute noch als charakteristisch für Reaktionen auf traumatische Erlebnisse betrachten: ungewolltes Wiedererleben von Aspekten des Traumas, zum Beispiel in Form von „Flashbacks" oder Alpträumen; Anzeichen einer erhöhten Erregung, zum Beispiel Schreckhaftigkeit und Schlafstörungen; Vermeidung von Situationen, Gesprächen und anderen Reizen, die an das Trauma erinnern; sowie Symptome einer emotionalen Taubheit, zum Beispiel Interesselosigkeit oder Entfremdung von anderen Menschen.

1.1 Bezeichnung

Frühere diagnostische Bezeichnungen

Für die Symptome, die in der Folge traumatischer Erlebnisse auftreten, wurden zunächst eine Vielzahl diagnostischer Bezeichnungen vorgeschlagen, z. B. „Schreckneurose", „Kampf- oder Kriegsneurose" (combat/war neurosis), „Granatenschock" (shell shock) oder „Überlebenden-Syndrom" (survivor syndrome) (Übersichten bei Gersons & Carlier, 1992; Kinzie & Goetz, 1996).

Ist das traumatische Erlebnis die Hauptursache der Symptome?

Es wurde lange bezweifelt, dass das traumatische Ereignis die *wesentliche Ursache* für die Symptome darstellt. Viele Experten[1] hielten organische Faktoren für entscheidend. So wurde zum Beispiel vorgeschlagen, dass eine Rückenmarksverletzung dem „Eisenbahn-Rückgrat-Syndrom" (railway spine syndrome) zugrunde liegt oder dass ins Gehirn gelangte kleinste Teile explodierter Bomben die Ursache des „Granatenschocks" darstellen. Andere Experten bezweifelten die Validität der berichteten Symptome und hielten in den meisten Fällen Simulieren und den Wunsch nach finanzieller Kompensation („Kompensationsneurose") für die wesentliche Ursache der Symptome. Schließlich wurden die Symptome auf bereits bestehende psychische Störungen zurückgeführt. Die vorherrschende Meinung war, dass

[1] Der Lesbarkeit und Kürze halber benutze ich die männliche Form für Personenbezeichnungen. Selbstverständlich sind alle Expertinnen, Therapeutinnen, Patientinnen usw. auch angesprochen. Ich bitte um Ihr Verständnis.

psychische Reaktionen auf traumatische Ereignisse normalerweise vorübergehend sind und dass daher nur Personen mit labilen Perönlichkeiten, bereits bestehenden neurotischen Konflikten oder Geisteskrankheiten chronische Symptome entwickeln (Übersichten bei Gersons & Carlier, 1992; Kinzie & Goetz, 1996).

Heute hat sich jedoch die Auffassung durchgesetzt, dass auch Personen mit stabiler Persönlichkeit klinisch bedeutsame psychische Symptome entwickeln können, wenn sie außergewöhnlich schrecklichen Erlebnissen ausgesetzt sind. Hierzu hat unter anderem die Beobachtung beigetragen, dass viele Veteranen des Vietnam-Krieges langwierige psychische Probleme entwickelten und dass die psychischen Auswirkungen sexueller Gewalt im Rahmen der Frauenbewegung verstärkt thematisiert wurden. So wurde die Posttraumatische Belastungsstörung (PTB) in den einschlägigen diagnostischen Klassifikationssystemen als Diagnose eingeführt. Die zehnte Auflage der Internationalen Klassifikation psychischer Störungen (ICD-10, Dilling, Mombour & Schmidt, 1991) bildete eine gesonderte Kategorie der „Reaktionen auf schwere Belastungen und Anpassungsstörungen (F43)". Es wird angenommen, dass die psychischen Symptome „als direkte Folge der akuten schweren Belastung oder des kontinuierlichen Traumas" eintreten. „Das belastende Ereignis ... (ist) der primäre und ausschlaggebende Kausalfaktor, und die Störung wäre ohne seine Einwirkung nicht entstanden" (S. 155).

ICD-10 Kategorie für „Reaktionen auf schwere Belastungen und Anpassungsstörungen"

1.2 Definition

1.2.1 Symptome der PTB

Ungewolltes Wiedererleben

Das charakteristischste Symptom der PTB ist das ungewollte Wiedererleben von Aspekten des Traumas. Die Betroffenen haben die gleichen sensorischen Eindrücke (z. B. Bilder, Geräusche, Geschmack, Körperempfindungen) und gefühlsmäßigen und körperlichen Reaktionen wie während des Traumas. So sah zum Beispiel eine Frau, die in ihrer Wohnung zusammengeschlagen und lebensgefährlich verletzt worden war, immer wieder die Augen des Täters vor sich, wie er durch den Briefschlitz schaute, bevor er in ihr Haus einbrach. Eine andere Frau hörte nach einem Autounfall immer wieder das Geräusch des Aufpralls. Bedeutsam für die Erklärung und Behandlung des Wiedererlebens ist, dass diesen Gedächtnisfetzen eine Zeitperspektive fehlt: sie werden so erlebt, als ob sie im „Hier-und-Jetzt" geschehen würden.

Vermeidungsverhalten

Situationen oder Personen, die an das traumatische Erlebnis erinnern, werden als sehr belastend erlebt und rufen starke körperliche Reaktionen hervor. Sie werden dementsprechend vermieden, ebenso wie das Sprechen über

Gedankenunterdrückung und Grübeln

das Ereignis. Die Betroffenen versuchen, Erinnerungen an das Erlebnis aus dem Kopf zu drängen und nicht an die schlimmsten Momente des Traumas zu denken. Andererseits grübeln viele über das Zustandekommen und die Konsequenzen des Traumas nach, z. B. darüber, warum das Ereignis passiert ist, wie es hätte verhindert werden können, wie sie sich rächen können oder inwiefern ihr Leben ruiniert ist.

Starke Emotionen und Übererregung

Der emotionale Zustand der Patienten reicht von intensiver Furcht, Ärger, Trauer, Schuld oder Scham bis zu emotionaler Taubheit. Oft beschreiben sie, dass sie sich entfremdet von anderen Menschen fühlen, und geben Kontakte und Aktivitäten auf, die ihnen vorher wichtig waren. Sie zeigen eine Reihe von Symptomen autonomer Übererregung, z. B. eine erhöhte Vigilanz, starke Schreckreaktionen, Reizbarkeit, Konzentrations- und Schlafstörungen.

1.2.2 Was macht einen Stressor traumatisch?

In der Umgangssprache werden viele Situationen als „traumatisch" beschrieben, z. B. Scheidung, Verlust des Arbeitsplatzes oder Durchfallen bei einer Prüfung. Eine Feldstudie fand jedoch, dass solche „schwachen" Stressoren nur bei 0,4 % der Betroffenden zu den charakteristischen Symptomen einer Posttraumatischen Belastungsstörung (PTB) führen (Kilpatrick et al., 1991, zitiert in McNally, in Druck). Es erscheint daher notwendig, den Begriff „Trauma" in der Diagnose der PTB relativ eng zu fassen.

Die Verfasser der revidierten dritten Auflage des Diagnostischen und Statistischen Manuals psychischer Störungen forderten daher, dass ein traumatischer Stressor außerhalb der normalen menschlichen Erfahrung liegen müsse (DSM-III-R; American Psychiatric Association, 1987, S. 250). Dieses Kriterium erwies sich jedoch als zu streng. Epidemiologische Studien zeigten, dass einige der Stressoren, die zu einer PTB führen, weit verbreitet sind, wie z. B. Verkehrsunfälle (Norris, 1992) oder sexuelle Gewalt (Resnick et al., 1993).

Stressorkriterien in DSM-III-R, DSM-IV und ICD-10 verschieden

Die ICD-10 benutzt eine breitere Definition: „ein belastendes Ereignis oder eine Situation außergewöhnlicher Bedrohung oder katastrophenartigen Ausmaßes (kurz- oder langanhaltend), die bei fast jedem eine tiefe Verstörung hervorrufen würde" (Dilling et al., 1991; S. 157).

Die Verfasser des DSM-IV (American Psychiatric Association, 1994, S. 427) versuchten, eine spezifischere Definition zu formulieren. Sie orientierten sich an Forschungsergebnissen, nach denen das Gefühl der Lebensbedrohung einer der konsistentesten Prädiktoren der PTB ist (March, 1993). Um PTB nach dem DSM-IV diagnostizieren zu können, muss der Betroffene eine Situation erlebt/beobachtet haben oder damit auf andere Weise konfrontiert worden sein, die Tod, Lebensgefahr oder starke Körperverletzung beinhaltete oder bei der die körperliche Unversehrtheit der eigenen oder einer anderen Person bedroht war. Bei Kindern werden weiterhin dem Entwicklungsstand unangemessene sexuelle Erfahrungen eingeschlossen. Ein weiterer wichtiger Schritt bestand darin, traumatische Stressoren nicht allein anhand der *Situation* zu definieren, sondern die *subjektive Reaktion* auf diese Situation als weiteres Kriterium aufzunehmen. So muss der Betroffene mit intensiver Furcht, Hilflosigkeit oder Entsetzen reagiert haben (bei Kindern: chaotisches oder agitiertes Verhalten).

Potentiell traumatische Erlebnisse nach DSM-IV wären also zum Beispiel Vergewaltigung, sexueller Missbrauch, körperlicher Angriff, Kriegseinsatz, Kriegsgefangenschaft, Geiselnahme, Naturkatastrophen, schwere Unfälle, Folter, aber auch körperliche Krankheiten oder belastende medizinische Eingriffe (z. B. Herzinfarkt, Operation unter unvollständiger Narkose oder gefährlich verlaufende Kindesgeburt).

Das Stressor-Kriterium des DSM-IV wird gegenwärtig weiter diskutiert. Neuere Forschungen zeigen, dass die Definition wahrscheinlich erweitert werden sollte. Zum einen müssen eventuell weitere mögliche emotionale Reaktionen auf traumatische Stressoren aufgenommen werden, wie emotionale Taubheit (emotional numbing) oder Schamgefühle (z. B. bei Mittätern von Verbrechen oder Opfern sexueller Gewalt). Zum anderen ist es möglich, dass die Bedrohung der körperlichen Integrität nicht die einzige bedeutsame Dimension traumatischer Ereignisse ist. Nach Untersuchungen an Vergewaltigungsopfern und politisch Inhaftierten erscheint die Bedrohung der Wahrnehmung, ein autonom handelnder und denkender Mensch zu sein, ebenfalls traumatisierend zu wirken. Ein Sich-Aufgeben, der wahrgenommene Verlust jeglicher Autonomie, sagte die Schwere der PTB vorher, unabhängig von der Lebensbedrohung und wahrgenommenen Hilflosigkeit (Dunmore et al., 1999; Boos, Ehlers, Maercker & Schützwohl, 1998).

1.2.3 Diagnostische Kriterien nach ICD-10

Tabelle 1 stellt die diagnostischen Richtlinien der ICD-10 für die PTB dar (Dilling et al., 1991). Das DSM-IV stimmt mit der ICD-10 hinsichtlich der Kernsymptomgruppen der PTB überein: *Wiedererleben, Vermeidung, emotionale Taubheit* und *Übererregung*. Um die Diagnose zu stellen, sollte also eine Kombination dieser Symptome vorliegen.

ICD-10 Kriterien weniger streng als DSM-IV

Die diagnostischen Systeme unterscheiden sich hinsichtlich der Gewichtung der Symptome. Während die ICD-10 den Schwerpunkt auf die Symptome des Wiedererlebens legt, betont das DSM-IV die Vermeidungs- und

Tabelle 1:
Kriterien für die Posttraumatische Belastungsstörung nach den ICD-10 diagnostischen Leitlinien

	Kriterien
Stressor	1. Ereignis oder Situation außergewöhnlicher Bedrohung oder katastrophenartigen Ausmaßes 2. würde bei fast jedem eine tiefe Verstörung hervorrufen
Symptome	**Notwendige Symptome:**
	1. Wiederholte unausweichliche Erinnerung oder Wiederinszenierung des Ereignisses in Gedächtnis, Tagträumen oder Träumen
	Andere typische Symptome:
	2. Andauerndes Gefühl von Betäubtsein und emotionaler Stumpfheit, Gleichgültigkeit gegenüber anderen Menschen, Teilnahmslosigkeit gegenüber der Umgebung, Anhedonie 3. Vermeidung von Aktivitäten und Situationen, die Erinnerungen an das Trauma wachrufen könnten
	Gewöhnliche Symptome:
	4. Vegetative Übererregtheit mit Vigilanzsteigerung, übermäßiger Schreckhaftigkeit und Schlaflosigkeit 5. Angst und Depression
	Seltene Symptome:
	6. Dramatische, akute Ausbrüche von Angst, Panik oder Aggression
Zeitlicher Rahmen	Symptome treten üblicherweise innerhalb von 6 Monaten nach dem belastenden Ereignis auf

Taubheits-Symptome, da mindestens drei dieser Symptome für eine Diagnose vorliegen müssen.

Insgesamt sind die DSM-IV-Kriterien *strenger.* Das zeigen auch die Ergebnisse von Andrews et al. (1999). In einer großen Stichprobe fanden sie eine PTB-Prävalenz nach ICD-10 von 7 % und nach DSM-IV von 3 %. Die Übereinstimmung zwischen den beiden diagnostischen Systemen betrug nur 35 %.

1.3 Epidemiologie

Die bisher vorliegenden epidemiologischen Daten stammen hauptsächlich aus den USA und verwendeten DSM-Kriterien, so dass noch untersucht werden muss, ob sich die Zahlen in anderen Ländern und mit ICD-10 Kriterien replizieren lassen. Die Prävalenz der PTB hängt von der Häufigkeit potentiell traumatischer Erlebnisse ab, die wiederum von gesellschaftlichen Rahmenbedingungen und dem Lebensraum mitbedingt wird. In manchen Gesellschaften, z. B. in Island oder Hongkong, wird eine besonders niedrige Prävalenz der PTB vermutet. Menschen in Entwicklungsländern waren hingegen in den letzten Jahrzehnten stärker Krieg und Naturkatastrophen ausgesetzt als Menschen in westlichen Gesellschaften (McFarlane & Girolamo, 1996).

1.3.1 Häufigkeit traumatischer Ereignisse

Kessler et al. (1995) fanden in einer großen repräsentativen US-amerikanischen Stichprobe, dass 61 % der Männer und 51 % der Frauen mindestens ein traumatisches Erlebnis in ihrem Leben gehabt hatten. In dieser Studie wurde das DSM-III-R-Kriterium für traumatische Stressoren verwendet, nach dem der Stressor außerhalb des normalen Rahmens menschlicher Erfahrungen liegen musste. Mit den DSM-IV- Kriterien fanden Stein et al. (1997), dass 81 % der Männer und 74 % der Frauen traumatischen Erlebnissen ausgesetzt waren.

Die Mehrheit der Bevölkerung erlebt ein Trauma

1.3.2 Art des Traumas

Die Häufigkeit der PTB hängt von der Art des traumatischen Ereignisses ab. Mehrere Studien fanden die höchsten PTB-Prävalenzen nach Vergewaltigung. So erfüllten in der Studie von Kessler et al. (1995) 65 % der Männer und 46 % der Frauen, die vergewaltigt worden waren, die PTB-Kriterien. Andere traumatische Ereignisse, die zu hohen PTB-Raten führten, waren: Kampfeinsatz im Krieg, Kindesmisshandlung und sexueller Missbrauch. Unfälle, Beobachten von Tod oder Verletzung sowie Brände und Naturkaturkatastrophen waren mit relativ niedrigen Lebenszeit-PTB-Prävalenzen von weniger als 10 % verbunden (Kessler et al., 1995). Andere Forschungsergebnisse zeigten hohe PTB-Raten für Folteropfer (Maercker & Schützwohl, 1997), Überlebende des Holocaust (Kuch & Cox, 1992) und Kriegsgefangene (Engdahl et al., 1997).

Traumata mit hohem PTB-Risiko

1.3.3 Prävalenz der PTB nach einem traumatischen Erlebnis

Kessler et al. (1995) berichteten, dass das Risiko, eine PTB nach einem traumatischen Erlebnis zu entwickeln, bei Männern 8 % und bei Frauen 20 % beträgt. Für Stichproben junger Erwachsener wurden höhere Risiken

Höheres PTB-Risiko für Frauen

berichtet: Breslau et al. (1991) berichteten ein Gesamtrisiko von 24 % und Breslau et al. (1997) ein Risiko von 13 % für Männer und von 30 % für Frauen.

1.3.4 Prävalenz der PTB in der Bevölkerung

Lebenszeitprävalenz 8 % (DSM-III-R)

Kessler et al. (1995) schätzten die Lebenszeitprävalenz der PTB anhand der DSM-III-R-Kriterien auf 8 %. Bei Frauen war die Prävalenz doppelt so hoch wie bei Männern (10 % versus 5 %; in anderen Studien bis zu 12 % versus 6 %). Die höhere Prävalenz bei Frauen hatte zwei Ursachen. Zum einen hatten die Frauen mehr schwerwiegende traumatische Ereignisse (z. B. Vergewaltigung, Kindesmisshandlung) erlebt. Zum anderen entwickelten sie mit höherer Wahrscheinlichkeit eine PTB nach einem traumatischen Ereignis. Die höhere Prävalenz für das weibliche Geschlecht wurde auch bei Kindern und Jugendlichen gefunden (z. B. Giaconia et al., 1995).

Zusammenfassung der epidemiologischen Daten

- Die Mehrheit der Bevölkerung wird in ihrem Leben mindestens ein traumatisches Ereignis erleben.
- Bei der Anamnese sollte zur Erfassung einer PTB in der Vorgeschichte nach einer Reihe spezifischer traumatisierender Ereignisse gefragt werden (z. B. Unfälle, Krieg, sexuelle Gewalt), statt global nach traumatischen Erlebnissen zu fragen.
- Gewalttaten, insbesondere sexuelle Gewalt, und Kampfeinsatz im Krieg führen mit höherer Wahrscheinlichkeit zu PTB als Unfälle und Natur- oder industrielle Katastrophen.
- Betrachtet man die Häufigkeit und traumatisierende Wirkung verschiedener Ereignisse, so können der plötzliche Tod eines geliebten Menschen und Verkehrsunfälle als bedeutende Auslöser von PTB in westlichen Industriegesellschaften gelten.
- Männer erleben mehr traumatische Ereignisse als Frauen, aber Frauen erleben mehr Ereignisse mit hoher traumatisierender Wirkung.
- Das Risiko für Frauen, eine PTB nach einem traumatischen Erlebnis zu entwickeln, ist mindestens doppelt so hoch wie bei Männern. Das erhöhte Risiko kann nicht durch Unterschiede in der Art der traumatischen Erlebnisse erklärt werden.
- Die Lebenszeit-Prävalenz wird bei Frauen auf 10-12 % geschätzt und bei Männern auf 5-6 %. Diese Zahlen beziehen sich auf die DSM-Kriterien. Nach den weniger strengen ICD-10 Kriterien wären die Prävalenzen wahrscheinlich noch höher.

1.4 Differentialdiagnosen

Zu beachten bei Differentialdiagnosen: Art und Dauer des Stressors, Symptommuster, frühere Symptome

- *Anpassungsstörung (F43.2).* Diese Diagnose kann nach entscheidenden Lebensveränderungen und Stressoren von weniger katastrophalem Ausmaß (z. B. Trauerfall, Trennung, Verlust der Arbeit, Emigration, schwere körperliche Erkrankung) gestellt werden, oder wenn die Kriterien der PTB nach einem traumatischen Stressor nicht ganz erfüllt sind.

- *Trauerreaktionen.* Die ICD-10 sieht vor, normale Trauerreaktionen, die nicht länger als 6 Monate dauern, unter Kapitel XXI (Z) zu kodieren. Trauerreaktionen jeder Dauer, die in Art und Inhalt abnorm sind, sind als Anpassungsstörungen (F43.2) zu kodieren. Es wird zur Zeit diskutiert, ob pathologische Trauer (*traumatic grief*) als gesonderte Kategorie in die psychiatrischen Klassifikationssysteme eingeführt werden soll (z. B. Horowitz, 1997).

- *Andauernde Persönlichkeitsveränderung nach Extrembelastung (F62.0).* Lang anhaltendes oder wiederholtes Trauma, wie z. B. Gefangenschaft, Folter, Geiselnahme oder wiederholte sexuelle Kindesmisshandlung, kann zu langfristig stabilen Persönlichkeitsveränderungen führen, die charakterisiert sind durch eine feindliche misstrauische Haltung gegenüber der Welt, sozialen Rückzug, ein andauerndes Gefühl der Leere und/oder Hoffnungslosigkeit, ein andauerndes Gefühl der Nervosität oder von Bedrohung ohne äußere Ursache oder ein andauerndes Gefühl, verändert oder anders als andere Menschen zu sein. Die Mindestdauer der Symptome beträgt 2 Jahre.

- *Akute Belastungsreaktion/-störung.* Wenn die Symptome nur ein paar Stunden oder wenige Tage anhalten, sollte nach ICD-10 eine akute Belastungsreaktion (F43.0) diagnostiziert werden. Nach DSM-IV wird eine PTB erst ab einer Dauer von 1 Monat diagnostiziert. Im ersten Monat werden die entsprechenden Symptome (mit einer stärkeren Betonung der dissoziativen Symptome) als akute Belastungsstörung diagnostiziert.

- *Andere Angststörungen/Depressionen.* Falls vor dem traumatischen Erlebnis eine Angststörung oder Depression vorlag, ist zu klären, ob die Symptome der Vermeidung, der emotionalen Taubheit und Interesselosigkeit lediglich eine Verschlimmerung der bestehenden Störung darstellen.

- *Andere intrusive Kognitionen und Wahrnehmungsstörungen.* Auch bei anderen Störungen wie Zwangsstörungen, Psychosen und Missbrauch/Entzug von Alkohol oder anderen Substanzen treten intrusive Kognitionen und Wahrnehmungsstörungen auf, die vom ungewollten Wiedererleben der PTB abgegrenzt werden müssen.

- *Hirnverletzung.* Eine Reihe der Symptome der PTB gleicht den Symptomen einer Hirnverletzung, z. B. Reizbarkeit oder Konzentrationsprobleme. Neurologische Untersuchungen können die Differentialdiagnose ermöglichen. Allerdings scheint es bei manchen Personen mit leichten Kopfverletzungen nicht möglich zu sein zu entscheiden, ob die Symptome auf eine Hirnverletzung, eine PTB oder beides zurückzuführen sind.

1.5 Verlauf und Prognose

- In den meisten Fällen treten die Symptome der PTB sofort nach dem traumatischen Ereignis auf. Ein verzögerter Beginn findet sich bei höchstens 11% der Fälle (McNally, in Druck).

Viele Spontanremissionen im ersten Jahr

- Im ersten Jahr nach dem traumatischen Erlebnis remittieren ca. 50% der Fälle ohne Behandlung.
- Bei etwa einem Drittel der Personen, die nach einem traumatischen Erlebnis eine PTB entwickeln, ist mit einem chronischen Verlauf zu rechnen (Kessler et al., 1995).
- Das Risiko für einen chronischen Verlauf ist umso höher, je schwerer die anfänglichen Symptome sind (z.B. Ehlers et al., 1998).

1.6 Komorbidität

Hohe Komorbidität

Die PTB zeigt eine beträchtliche Komorbidität mit affektiven Störungen, anderen Angststörungen, Substanzmissbrauch und Somatisierung. In der Studie von Kessler et al. (1995) hatten 88 % der Männer und 78 % der Frauen komorbide psychische Störungen. Studien an Kriegsveteranen mit PTB zeigten erhöhte Quoten von Ehe- und Familienproblemen, gewalttätigem Verhalten (Jordan et al, 1992) und starkem Rauchen (Beckham et al, 1997). Außerdem wird berichtet, dass die PTB mit einem erhöhten Risiko für körperliche Krankheiten, insbesondere Infektionen und Erkrankungen des Nervensystems, verbunden ist (Boscarino, 1997).

Bisher gibt es wenig gesicherte Erkenntnisse, ob die PTB oder die komorbiden Störungen die primäre Störung darstellen. Nach den retrospektiven Daten von Kessler et al. (1995) ging die PTB in den meisten Fällen komorbiden affektiven Störungen oder Substanzmissbrauch voraus. In der Hälfte der Fälle war die PTB die primäre Störung bei komorbiden Angststörungen. Breslau et al. (1997) fanden, dass die PTB das Risiko für das erstmalige Auftreten von schweren depressiven Episoden (major depression) und

Alkoholmissbrauch erhöhte. Umgekehrt erhöhte eine bereits bestehende schwere depressive Episode das Risiko, traumatische Ereignisse zu erleben und danach eine PTB zu entwickeln. Insgesamt weisen die meisten Studien darauf hin, dass die PTB dem Substanzmissbrauch nach traumatischen Ereignissen vorangeht. In einer prospektiven Studie bestätigten Andreski et al. (1998), dass die PTB das Risiko von Schmerzen, Konversionssymptomen und Somatisierung erhöht.

Zusammenfassung Komorbidität

- Komorbide Depression und Substanzmissbrauch sind meist sekundäre Störungen.
- Komorbide Angststörungen sind in der Hälfte der Fälle sekundär.
- PTB erhöht das Risiko von somatischen Beschwerden.

1.7 Diagnostische Verfahren

Die meisten der vorliegenden diagnostischen Instrumente orientierten sich am DSM-IV. Die Diagnose der PTB kann mit Hilfe einer Reihe semi-strukturierter Interviewleitfäden gestellt werden, z. B. dem *Diagnostischen Interview bei psychischen Störungen* (DIPS, Margraf, Schneider & Ehlers, 1994) oder dem *Strukturierten Klinischen Interview für DSM* (SKID, Wittchen, Zaudig & Frydrich, 1997). Speziell zur Diagnose und zur Erfassung des Schweregrades einer PTB wurde die *Clinician Administered PTSD Scale* (CAPS, Blake et al., 1995) entwickelt, die allerdings bisher nicht in einer überprüften deutschen Version vorliegt.

Diagnostische Interviews

Zur Erfassung der komorbiden Diagnosen empfehlen sich ebenfalls das DIPS oder das SKID. Hier sollte insbesondere auf Depressionen, andere Angststörungen, somatoforme Störungen und Substanzmissbrauch bzw. -abhängigkeit geachtet werden. Die Erfassung aller Persönlichkeitsstörungen erscheint nicht notwendig, jedoch sollte erhoben werden, ob der Patient vor dem traumatischen Erlebnis eine Borderline-Persönlichkeitsstörung hatte. Einige der Symptome der PTB gleichen denen der Borderline-Persönlichkeitsstörung (z. B. Reizbarkeit und Wutausbrüche; emotionale Leere), so man feststellen sollte, ob die Symptome schon vor dem Trauma vorlagen. Auch zeigen Patienten mit Borderline-Persönlichkeitsstörung impulsives Verhalten, das potentiell selbstschädigend ist. Insofern ist bei ihnen das Risiko für weitere Traumata erhöht.

Zur Beurteilung des Therapieverlaufs und -erfolgs bieten sich eine Reihe von Fragebogen zur Erfassung des Schweregrades der PTB- Symptomatik an. Besonders häufig wurde bisher die *Impact of Event Scale* (Horowitz et

Fragebogen zur Erfassung des Schweregrades

al., 1979) eingesetzt. Die ursprüngliche Form des Fragebogens beinhaltete eine Skala zum ungewollten Wiedererleben (intrusion scale) und eine Skala zur Vermeidung. Der Fragebogen wurde kürzlich erweitert und enthält jetzt auch eine Übererregungs-Skala (deutsche Fassung: Maercker & Schützwohl, 1998). Allerdings deckt auch die erweiterte Form nicht alle Symptome der PTB ab, so dass sich Fragebogen, die sich am DSM-IV orientieren, zumindest in der Forschung immer mehr durchsetzen, z. B. die *Posttraumatic Stress Diagnostic Scale* (PDS, Foa et al., 1997; deutsche Übersetzung Steil & Ehlers, in Vorbereitung).

Auch Depressivität und Ängstlichkeit messen

Da die meisten Patienten mit PTB neben den spezifischen Symptomen der PTB eine erhöhte Ängstlichkeit und Depressivität aufweisen, sollten diese Symptome zur Messung des Therapieerfolgs mit entsprechenden Instrumenten erfasst werden, zum Beispiel dem *Beck-Depressions-Inventar* (deutsche Fassung: Hautzinger, Bailer, Worall & Keller, 1995) und dem *Beck-Angst-Inventar* (deutsche Fassung von Margraf & Ehlers, in Vorbereitung).

In unserer Arbeitsgruppe füllen die Patienten vor jeder Sitzung die PDS, das BDI und das BAI aus. Dies ermöglicht es, den Effekt einzelner Interventionen direkt zu überprüfen. Weiterhin hat es sich als hilfreich erwiesen, die Patienten vor der Therapie und vor jeder Sitzung auf einer Skala von 0 bis 100 einschätzen zu lassen, (1) wie belastet/erschüttert sie sich fühlen, wenn sie an das traumatische Erlebnis und seine Konsequenzen denken und (2) wie sehr sie sich mit dem traumatischen Erlebnis abgefunden haben. Eine entsprechende Skala findet sich im Anhang (siehe S. 99).

2 Störungstheorien und Modelle

2.1 Überblick

Der in diesem Buch dargestellte Therapieansatz basiert auf dem Modell der chronischen PTB von Ehlers und Clark (1999). Das Modell berücksichtigt viele der von anderen Autoren vorgeschlagenen psychologischen Faktoren in der Entstehung und Aufrechterhaltung der PTB (Brewin, Dalgleish & Josephs, 1996; Conway, 1997a, 1997b; Foa & Riggs, 1993; Foa & Rothbaum, 1998; Horowitz, 1997; Janoff-Bulman, 1992; Resick & Schnicke, 1993; van der Kolk & van der Hart, 1991), stellt jedoch eine eigene Synthese dar.

Modelle der PTB müssen erklären, warum die Betroffenen Angstsymptome erleben. Angst bezieht sich üblicherweise auf die Wahrnehmung einer *zukünftigen* Bedrohung. PTB ist hingegen eine Störung, die auf der Erinnerung an ein *vergangenes* Ereignis beruht. Ehlers und Clark lösen diesen vermeintlichen Widerspruch, indem sie vorschlagen, dass sich eine chronische PTB nur dann entwickelt, wenn die Betroffenen das traumatische Ereignis und/oder seine Konsequenzen so verarbeiten, dass sie eine *schwere gegenwärtige Bedrohung* wahrnehmen. Nach ihrem Modell führen zwei verschiedene Prozesse zur Wahrnehmung der gegenwärtigen Bedrohung:

Zentrale Hypothese: Wahrnehmung einer schweren gegenwärtigen Bedrohung

1. Individuelle Unterschiede in der Interpretation des Traumas und/oder seiner Konsequenzen.
2. Individuelle Unterschiede in der Art des Trauma-Gedächtnisses und seiner Verbindung zu anderen autobiografischen Erinnerungen.

Wenn die Wahrnehmung der gegenwärtigen Bedrohung aktiviert wird, so kommt es zu intrusivem Wiedererleben, Symptomen der körperlichen Erregung und starken Emotionen wie Angst, Ärger, Scham oder Trauer. Die wahrgenommene Bedrohung motiviert eine Reihe von Verhaltensweisen und kognitiven Reaktionen, die die Belastung und wahrgenommene Bedrohung mindern sollen, jedoch die Störung aufrechterhalten. Abbildung 1 veranschaulicht das Modell. Die einzelnen Elemente werden im Folgenden näher erklärt.

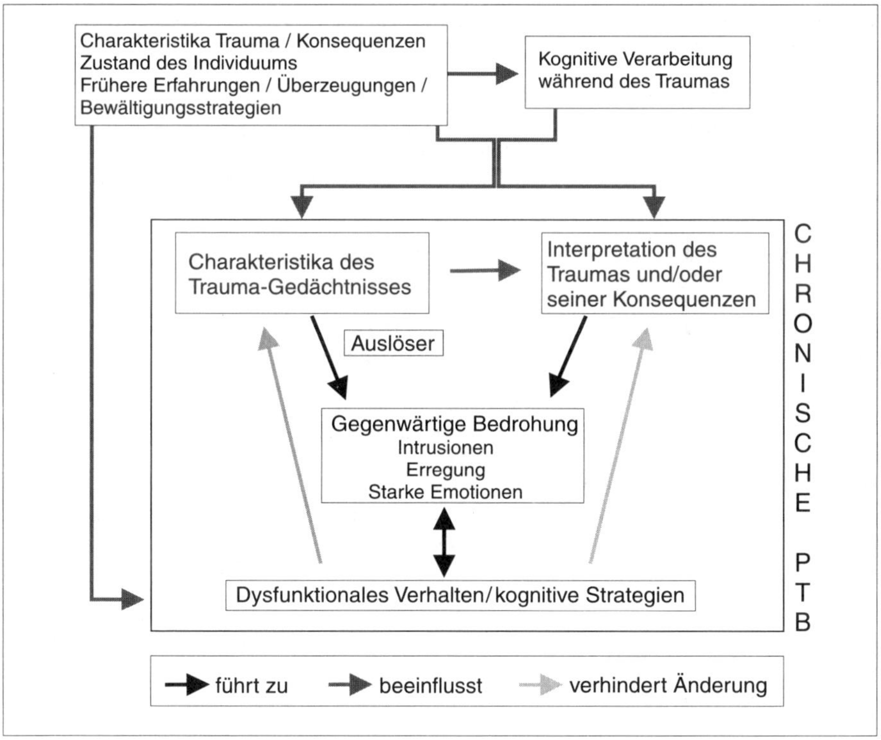

Abbildung 1:
Modell der chronischen Posttraumatischen Belastungsstörung von Ehlers und Clark (1999).

2.2 Interpretationen des Traumas und/oder seiner Konsequenzen

Es wird angenommen, dass Personen mit chronischer PTB im Gegensatz zu Personen, die sich von einem Trauma psychisch erholen, nicht in der Lage sind, das traumatische Erlebnis als zeitbegrenztes Ereignis zu sehen, das nicht notwendigerweise globale negative Auswirkungen auf ihr Leben

Tabelle 2:
Beispiele für individuell verschiedene negative Interpretationen, die zur Wahrnehmung einer gegenwärtigen Bedrohung führen

Was wird interpretiert?	Negative Interpretation
Traumatisches Erlebnis	
Eintreten des traumatischen Ereignisses	„Ich bin nirgends sicher" „Das nächste Unglück wird bald eintreten"
Das Trauma passierte mir	„Ich ziehe Unglück an" „Andere sehen mir an, dass ich ein leichtes Opfer bin"
Eigenes Verhalten/Emotionen während des Traumas	„Ich verdiene es, dass mir schlimme Dinge passieren" „Ich breche bei Stress zusammen"
Anfängliche PTB-Symptome	
Reizbarkeit, Wutausbrüche	„Ich habe mich als Person zum Schlechten verändert" „Meine Ehe wird in die Brüche gehen" „Ich kann mir nicht trauen, wenn ich mit meinen eigenen Kindern zusammen bin"
Emotionale Taubheit	„Ich bin innerlich tot" „Ich werde mich anderen nie wieder nahe fühlen"
Intrusives Wiedererleben, Alpträume	„Ich werde verrückt" „Ich komme nie darüber hinweg"
Konzentrationsprobleme	„Mein Hirn hat einen Schaden abbekommen" „Ich werde meine Stelle verlieren"
Reaktionen anderer Menschen	
Positive Reaktionen	„Sie denken, ich bin zu schwach, um selbst damit klarzukommen" „Ich kann mich niemandem nahe fühlen"
Negative Reaktionen	„Niemand ist für mich da" „Ich kann mich auf niemanden verlassen"
Andere Konsequenzen des Traumas	
Körperliche Folgen	„Mein Körper ist ruiniert" „Ich werde nie mehr ein normales Leben führen können"
Verlust der Arbeit, finanzielle Einbußen	„Ich werde meine Kinder verlieren" „Bald bin ich obdachlos"

hat. Das Modell schlägt vor, dass diese Menschen individuell verschiedene negative Interpretationen des traumatischen Ereignisses und/oder seiner Konsequenzen vornehmen, denen gemeinsam ist, dass daraus die Wahrnehmung einer schweren gegenwärtigen Bedrohung resultiert. Die Bedrohung kann entweder extern sein (z. B. „Überall lauern Gefahren“) oder, sehr häufig, intern (z. B. Bedrohung der Selbstwahrnehmung als fähige/akzeptable Person, die wichtige Lebensziele erreichen kann; siehe auch Foa & Riggs, 1993; Janoff-Bulman, 1992; Resick & Schnicke, 1993). Tabelle 2 gibt Beispiele für solche Interpretationen. Nicht nur das Eintreten des traumatischen Ereignisses, sondern auch das eigene Erleben und Verhalten während des Traumas ist oft Gegenstand der problematischen Interpretationen. Weiterhin ist zu beachten, dass bei der PTB nicht nur das traumatische Erlebnis selbst negativ interpretiert wird, sondern auch seine Folgen wie die anfänglichen PTB-Symptome (siehe auch Ehlers & Steil, 1995; Steil & Ehlers, in Druck), Reaktionen anderer nach dem Trauma oder körperliche, berufliche oder finanzielle Konsequenzen des Traumas.

Nicht nur das Trauma, sondern auch seine Konsequenzen werden negativ interpretiert

2.3 Art des Trauma-Gedächtnisses

Patienten mit PTB haben Schwierigkeiten, das traumatische Erlebnis *willentlich* vollständig zu erinnern. Die Erinnerung ist oft bruckstückhaft und ungeordnet, und die Betroffenen haben Schwierigkeiten, einzelne Details oder die genaue Reihenfolge der Ereignisse abzurufen (z. B. Amir, Stafford, Freshman & Foa, 1998). Das lebhafte, *ungewollte* Wiedererleben von Aspekten des Erlebnisses steht in scheinbarem Widerspruch zu diesen Schwierigkeiten im willentlichen Abruf und muss durch Modelle der PTB erklärt werden. Ebenfalls erklärt werden müssen eine Reihe von Eigenschaften des intrusiven Wiedererlebens, die im Folgenden aufgeführt sind.

Besonderheiten des Abrufs des Traumagedächtnisses

Eigenschaften des intrusiven Wiedererlebens

- Das intrusive Wiedererleben geschieht vornehmlich in Form sensorischer Eindrücke, und selten in Form von Gedanken. Die sensorischen Eindrücke schließen alle Modalitäten ein, einschließlich körperlicher Empfindungen (z.B. eine Berührung, Kälteempfindung), sind jedoch hauptsächlich visueller Art (Ehlers & Steil, 1995). Zum Beispiel sah ein Mann, der nachts einen Frontalzusammenstoß erlebt hatte, immer wieder die Scheinwerfer des entgegenkommenden Fahrzeugs vor sich.
- Die sensorischen Eindrücke werden erlebt, als würden sie gerade im gegenwärtigen Moment geschehen, und nicht als Erinnerung an eine vergangene Erfahrung. Entsprechend sind auch die damit verbundenen Gefühle (einschließlich körperlicher Reaktionen) die gleichen wie während des Traumas (*Emotionen in Originalform*). Ihnen fehlt das

Sensorische Eindrücke und Emotionen in Originalform

Bewusstsein, dass es sich um eine Erinnerung handelt, wie sie normalerweise autobiografische Erinnerungen kennzeichnet. Reemtsma (1996) hat dies in seinem Erfahrungsbericht über seine Entführung und einmonatige Gefangenschaft in einem Keller eindrücklich beschrieben. Er schreibt, dass er nach der Entführung immer wieder im „im Keller" war (statt „*wie* im Keller").

- Die Emotionen und sensorischen Erinnerungen werden wiedererlebt, auch wenn die Person später (während des Ereignisses oder danach) zusätzliche Informationen erhielt, die dem ursprünglichen Eindruck widersprechen, oder wenn sie weiß, dass sich die Eindrücke als unwahr herausstellten.

Emotion ohne Erinnerung

- „*Emotion ohne Erinnerung*": Personen mit PTB erleben teilweise körperliche Reaktionen oder Emotionen aus dem traumatischen Erlebnis wieder, ohne dass sie dabei eine bewusste Erinnerung an das Trauma haben. Zum Beispiel musste sich eine Patientin nach einem Unfall einer Kernspintomografie unterziehen. Während der Untersuchung wurde sie sehr ängstlich und versuchte, die (nicht vorhandene) „Tür" zu öffnen und sagte wiederholt „Ich komme nicht heraus". Sie verhielt sich genauso wie direkt nach ihrem Unfall, hatte aber dabei keine bewusste Erinnerung an den Unfall und konnte sich nicht erklären, warum der Kernspintomograf ihr so unangenehm war.

Auslöser müssen keine bedeutungsvolle Beziehung zum Trauma haben

- Das ungewollte Wiedererleben wird durch sehr vielfältige Reize und Situationen ausgelöst. Viele der Auslöser haben keine starke bedeutungsvolle Beziehung zu dem traumatischen Ereignis, sondern sind vielmehr Reize, die zeitlich mit dem Trauma assoziiert sind. Typische Beispiele hierfür sind externe Reize, die kurz vor oder während des traumatischen Ereignisses wahrgenommen wurden (z. B. Farben, die Gestalt eines Menschen, Gerüche, ein bestimmter Satz, der in einem bestimmten Tonfall gesprochen wurde), ähnliche emotionale Zustände (z. B. sich hilflos oder gefangen fühlen) oder andere ähnliche interne Reize (z. B. die Berührung eines Körperteils, propriozeptive Rückmeldung von eigenen Bewegungen oder Körperhaltungen, starke körperliche Erregung).

Ehlers und Clark (1999) schlagen vor, dass dieses Muster der Erinnerungen (erschwerter willentlicher Abruf, lebhaftes ungewolltes Wiedererleben mit „Hier-und-Jetzt"-Qualität) durch die Art erklärt werden kann, wie das Trauma enkodiert und im Gedächtnis abgespeichert wurde. Im einzelnen treffen sie drei Annahmen:

Ungenügende Elaboration und Einbettung in die Struktur des autobiografischen Gedächtnisses. Autobiografische Erinnerungen sind im Gedächtnis normalerweise in einer geordneten und abstrahierten Weise gespeichert, die extrem lebhaftes und emotionales Wiedererleben verhindert (Conway,

1997). Die Ereignisse werden in die Wissensstruktur des autobiografischen Gedächtnisses eingeordnet, die nach persönlich relevanten Themen (z. B. Freundschaften, Prüfungen, Sport) und Zeitperioden (z. B. Schulzeit, Lehrzeit, erste Anstellung etc.) geordnet ist. Der Abruf erfolgt im Allgemeinen über Suchstrategien, die sich an der Bedeutung des Ereignisses orientieren. Der Abruf kann auch direkt über Stimuli erfolgen, die mit dem Ereignis assoziiert sind (z. B. ein bestimmter Geruch, bestimmte Musik), doch wird dieser Abrufweg durch die hierarchische Struktur des autobiografischen Gedächtnisses gehemmt. Die resultierende Erinnerung beinhaltet einzelne sensorische Informationen, die jedoch mit abstrahierten Informationen über die Art der Ereignisse gemeinsam abgerufen werden.

Gedächtnis für das Trauma ungenügend verarbeitet und nicht in Kontext integriert

Es wird nun angenommen, dass bei der PTB das Trauma-Gedächtnis ungenügend elaboriert (d. h. in seiner Bedeutung verarbeitet) und ungenügend in seinen Kontext von Zeit, Raum, vorangegangenen und nachfolgenden Informationen und anderen autobiografischen Erinnerungen integriert wurde. Somit ist der semantische Abrufweg relativ schwach, die resultierende Erinnerung hat keinen zeitlichen Kontext („Hier-und-Jetzt"-Qualität), ist nicht mit späteren Informationen verbunden (z. B. „Ich bin nicht gestorben") und wird leicht durch passende Reize ausgelöst.

Assoziatives Lernen

Starke assoziative Gedächtnis-Verbindungen. Es wird angenommen, dass bei der PTB besonders starke Reiz-Reiz (S-S) und Reiz-Reaktion (S-R) Assoziationen für die mit dem traumatischen Erlebnis verbundenen Reize vorliegen, die für das leicht auslösbare Wiedererleben mitverantwortlich sind. Reize, die kurz vor oder während des Traumas wahrgenommen wurden, werden mit einer schweren Bedrohung des Selbst assoziiert. Es handelt sich hierbei um solche Reize, die insofern einen hohen Informationsgehalt hatten, als sie das traumatische Ereignis vorhersagten.

Beispiel für die Rolle von Reiz-Reiz-Assoziationen bei der Auslösung des intrusiven Wiedererlebens
Reemtsma (1996) beschreibt, dass er nach seiner Entführung immer wieder das Klopfen der Entführer an die Tür des Kellers hörte. Erst mit der Zeit wurde ihm bewusst, dass das intrusive Wiedererleben des Klopfens häufig durch das Hören von Schritten ausgelöst wurde. Während der Gefangenschaft im Keller waren sich nähernde Schritte mit dem Klopfen assoziiert worden, das wiederum das Hereinkommen der Entführer und die damit verbundene Todesgefahr anzeigte.

Wie das Beispiel zeigt, sind sich die Betroffenen beim Abruf der Assoziationen nicht notwendigerweise der Auslöser bewusst. Dies erschwert ihnen die Diskrimination derjenigen Reize, die während des Traumas zugegen waren, von der aktuellen Reizkonstellation. Auch erschwert es das Lernen der bedingten Wahrscheinlichkeiten, unter welchen Bedingungen die beim

Trauma vorliegenden Reize Gefahr anzeigen. Auch erklärt der ungewollte Abruf der Assoziationen das oben beschriebene Phänomen der „Emotionen ohne Erinnerung“.

Schlechte Diskrimination der Auslöser des Wiedererlebens

Starkes Priming. Priming ist eine Form des impliziten Gedächtnisses. Reizfigurationen, die schon einmal wahrgenommen wurden, haben eine niedrigere Wahrnehmungsschwelle als neue Reize. Ehlers und Clark (1999) nehmen an, dass bei der PTB ein besonders starkes Priming für Reize vorliegt, die mit dem traumatischen Erlebnis assoziiert sind. Deswegen werden Reize, die das Wiedererleben auslösen können, besonders leicht bemerkt. Da implizite Gedächtnisspuren nicht gut von anderen Gedächtnisspuren diskriminiert sind, kann eine vage Ähnlichkeit dazu führen, dass ein Reiz als derjenige wahrgenommen wird, der während des Traumas zugegen war (schlechte Reizdiskrimination).

2.4 Dysfunktionale Verhaltensweisen und kognitive Verarbeitungsstile

Wenn Personen mit chronischer PTB eine schwere gegenwärtige Bedrohung und die damit verbundenen Symptome wahrnehmen, so versuchen sie diese mit einer Reihe unterschiedlicher Strategien unter Kontrolle zu bringen. Die Wahl der Strategien hängt ab von den individuellen Interpretationen des Traumas und/oder seiner Folgen und von allgemeinen Überzeugungen, wie man am besten mit Belastung fertig wird. Dies wird in Tabelle 3 anhand von Beispielen illustriert. Die Strategien zur Kontrolle der Bedrohung/Symptome sind dysfunktional, weil sie die PTB über mindestens einen von drei Mechanismen aufrechterhalten.

- Sie erzeugen PTB Symptome.
- Sie verhindern eine Veränderung der negativen Interpretationen des Traumas und/oder seiner Folgen.
- Sie verhindern die Elaboration des Trauma-Gedächtnisses.

Verhalten erzeugt PTB-Symptome

Ein Beispiel für eine dysfunktionale kognitive Strategie, die die PTB-Symptome verschlimmert, ist *Gedankenunterdrückung.* Wenn Patienten versuchen, ihre ungewollten Gedanken an das Trauma und Erinnerungsbilder, -geräusche etc. mit aller Gewalt aus dem Kopf zu drängen, so hat das den paradoxen Effekt, dass die Häufigkeit der ungewollten Erinnerungen zunimmt (Shipherd & Beck, 1999). Ein weiteres typisches Beispiel ist, dass *Verhaltensweisen*, die *zur Kontrolle von einigen PTB-Symptomen* eingesetzt werden, andere Symptome verschlimmern können. So wird der Versuch, Alpträume dadurch zu verhindern, dass man sehr spät oder gar nicht ins Bett geht, andere Symptome wie Konzentrationsschwierigkeiten, Interesselosigkeit oder Reizbarkeit verschlimmern.

Tabelle 3:
Beispiele für den Zusammenhang zwischen Interpretationen und dysfunktionalen Verhaltensweisen/kognitiven Strategien, die die PTB aufrechterhalten

Interpretation	Dysfunktionale Verhaltensweise/ Kognitive Strategie
Wenn ich genau an das Trauma denke ... werde ich verrückt ... breche ich zusammen ... werde ich jemandem etwas antun ... kriege ich einen Herzinfarkt	Mit aller Gewalt versuchen, nicht an das Trauma zu denken; mich ständig mit anderem beschäftigt halten; meine Gefühle unter Kontrolle halten; Alkohol/ Medikamente/Drogen nehmen
Wenn ich meine Gefühle nicht kontrolliere ... kann ich nicht arbeiten und verliere meine Stelle ... werde ich die Beherrschung verlieren und Leute anbrüllen	Gefühle betäuben; alles vermeiden, was negative oder positive Gefühle auslösen könnte; Alkohol/Medikamente einnehmen
Wenn ich nicht darüber nachgrübele, wie ich das Trauma hätte verhindern können, ... wird mir wieder so etwas passieren	Grübeln, wie das Trauma hätte verhindert werden können
Wenn ich nicht einen Weg finde, den Täter zu bestrafen, ... hat er gewonnen und ich bin kein richtiger Mann mehr	Nachgrübeln, wie ich mich rächen kann
Wenn ich den Ort des Geschehens aufsuche Wenn ich die gleiche Kleidung trage ... habe ich wieder einen Unfall ... kriege ich einen Nervenzusammenbruch	Ort des Geschehens vermeiden Ähnliche Kleidung vermeiden
Wenn ich nicht spezielle Vorsichtsmaßnahmen treffe ... werde ich wieder zusammengeschlagen	Waffe mitnehmen; auf der Hut vor gefährlichen Leuten sein; Menschenansammlungen vermeiden; immer nahe beim Ausgang bleiben
Wenn ich nicht ständig auf meine Familie aufpasse ... passiert ihnen ein Unglück	Meine Kinder/Frau nicht allein aus dem Haus gehen lassen; genau beobachten, ob irgendwo Gefahr droht
Wenn ich nicht ständig alles unter Kontrolle habe ... wird mir wieder jemand etwas antun	Genau aufpassen, ob jemand aggresiv aussieht; immer bereit sein, sofort die Flucht zu ergreifen
Wenn ich den Rückspiegel nicht ständig überprüfe ... wird wieder jemand auf mich drauffahren	Rückspiegel ständig im Auge behalten
Wenn ich Pläne schmiede (z.B. für einen Urlaub) ... passiert das nächste Unglück	Keine Pläne machen, nichts Schönes vornehmen
Wenn ich meine Freunde besuche/anrufe ... werden sie mir Fragen zum Trauma stellen und denken, dass ich ein Schwächling bin, weil ich immer noch nicht darüber hinweg bin	Kontakt zu Freunden vermeiden/ abbrechen

Fortsetzung Tabelle 3

Interpretation	Dysfunktionale Verhaltensweise/ Kognitive Strategie
Wenn ich Dinge tue, die mir früher Spaß brachten ... werde ich bestraft, und es passiert etwas ... merke ich, was für ein Wrack ich jetzt bin, und werde das nicht aushalten	Früher bedeutsame Aktivitäten aufgeben
Wenn ich mein Gesicht zeige ... werden Leute von meinen Narben angewidert sein	Anderen Menschen aus dem Weg gehen; Gesicht mit Händen bedecken; starkes Make-up; nach unten sehen
Wenn ich zeitig schlafen gehe ... kriege ich wieder Alpträume ... werde ich Einbrecher nicht bemerken	Bis spät in die Nacht wach bleiben
Wenn ich mehr Stress habe ... kriege ich einen Herzinfarkt ... kriege ich einen Nervenzusammenbruch	Alles vermeiden, was belastend sein könnte; nicht zur Arbeit gehen; mich von der Familie zurückziehen

Verhalten verhindert Änderung der dysfunktionalen Interpretationen

Zu den Verhaltensweisen, die eine Veränderung der negativen Interpretationen verhindern, gehört das sogenannte *Sicherheitsverhalten.* Dies sind übertriebene Vorsichtsmaßnahmen, die erwartete zukünftige Katastrophen verhindern oder abmildern sollen (Salkovskis, 1996). Sie verhindern die Überprüfung der Annahme, dass die Katastrophe eintreten wird, wenn das Verhalten nicht ausgeführt wird. So wird ein Patient, der immer eine Waffe bei sich trägt, nicht seine Annahme überprüfen können, dass er angegriffen und umgebracht werden wird, wenn er keine Waffe bei sich hat.

Verhalten verhindert Elaboration des Trauma-Gedächtnisses

Zu den Strategien, die eine Elaboration (tiefere Verarbeitung) des Trauma-Gedächtnisses verhindern, gehört die *kognitive Vermeidung.* Patienten mit chronischer PTB versuchen entweder, gar nicht an das Ereignis zu denken und sich ständig mit anderen Dingen zu beschäftigen, oder sie versuchen, an das Ereignis ohne emotionale Beteiligung zu denken (so als wenn sie einen Bericht für die Polizei abgeben) und dabei die emotional belastendsten Aspekte auszulassen. Neben der Elaboration des Gedächtnisses verhindert die Vermeidung auch die Überprüfung dysfunktionaler Annahmen darüber, was passieren wird, wenn man an das Trauma denkt (z. B. „Ich werde verrückt").

Entsprechend verhindert die *Vermeidung von Reizen,* die an das Trauma erinnern, sowohl eine Elaboration des Trauma-Gedächtnisses als auch eine Veränderung problematischer Interpretationen, wie zum Beispiel „Wenn ich ... tue, wird das Trauma wieder passieren" oder „Wenn ich ... sehe, werde ich so wütend werden, dass ich ihn umbringe" (siehe auch Tabelle 3). Die Vermeidung des Ortes des Geschehens verhindert häufig die Modifikation der Interpretation, man hätte das traumatische Ereignis verhindern können (z. B. nach Autounfällen). Da Reize und Situationen, die an das Trauma erinnern, oft passende Hinweisreize zum Abruf schwer verfügbarer Informationen sind, verhindert die Vermeidung dieser Reize auch eine tiefere Verarbeitung (Elaboration) des Trauma-Gedächtnisses und die Integration in seinen Kontext.

Grübeln über das Trauma und seine Folgen steht ebenfalls einer Verarbeitung des Traumas im Weg. Zum einen verhindert das Grübeln wie die kognitive Vermeidung die Elaboration des Traumagedächtnisses, da es sich auf „Was wäre, wenn..."-Fragen konzentriert statt darauf, wie das traumatische Ereignis geschah und erlebt wurde. Zum anderen stärkt das Grübeln wahrscheinlich problematische Interpretationen wie „Das Trauma hat mein Leben ruiniert". Weiterhin kann es direkt zu negativen Gefühlen wie Niedergeschlagenheit, Hoffnungslosigkeit, Ärger oder nervöser Anspannung führen und kann über interne Hinweisreize das ungewollte Wiedererleben auslösen.

Weitere Beispiele dysfunktionaler Strategien zur Kontrolle der wahrgenommenen Bedrohung und/oder Symptome sind Konsum von Alkohol oder Medikamenten, das Aufgeben zuvor bedeutsamer Aktivitäten, Dissoziation (d.h. eine mangelnde Integration des Denkens, Fühlens und Handelns, die sich zum Beispiel in Depersonalisation, Derealisation oder emotionaler Taubheit äußern kann) sowie selektive Aufmerksamkeit auf Gefahrenreize.

2.5 Kognitive Verarbeitung während des Traumas

Chronischer Verlauf bei Sich-Aufgeben während des Traumas

Die Interpretationen des Traumas und die Art des Trauma-Gedächtnisses werden durch die kognitive Verarbeitung während des Traumas beeinflusst. So fanden wir, dass Sich-Aufgeben (mental defeat) während einer körperlichen oder sexuellen Gewalttat oder politischer Inhaftierung chronische PTB (Dunmore et al., 1999; Boos et al., 1998) und schlechtes Ansprechen auf Expositionstherapie (Ehlers et al., 1998) vorhersagte. Sich-Aufgeben bezieht sich auf den wahrgenommenen Verlust jeglicher Autonomie, verbunden mit dem Gefühl, kein Mensch mehr zu sein. Personen, die sich während des Traumas aufgeben, werden mit größerer Wahrscheinlichkeit als andere Gewaltopfer das Trauma als Beleg einer negativen Sicht ihrer Person interpretieren, z. B. dass sie Belastungen nicht aushalten, wertlos sind oder dass sie durch das Trauma einen dauerhaften Schaden erlitten haben.

Die Art des Trauma-Gedächtnisses hängt von der Qualität der Informationsverarbeitung bei der Enkodierung ab. Im einzelnen sind die Tiefe und Organisation der Verarbeitung (datenorientierte versus konzeptuelle Verarbeitung), das Ausmaß der selbstbezogenen Verarbeitung und die Fähigkeit, Eindrücke auf ihren Wahrheitsgehalt hin zu untersuchen, hierbei relevant.

2.6 Weitere Variablen, die die Entwicklung der PTB beeinflussen

Frühere Erfahrungen, Überzeugungen und Persönlichkeitsfaktoren können die Entwicklung einer PTB beeinflussen

Wie in Abbildung 1 gezeigt, berücksichtigt das Modell, dass eine Reihe von weiteren Variablen beeinflusst, wie das Trauma und seine Konsequenzen kognitiv verarbeitet und interpretiert werden, in welcher Art das Trauma im Gedächtnis abgelegt wird und welche Strategien eine Person wählen wird, um die wahrgenommene Bedrohung oder die PTB- Symptome unter Kontrolle zu bringen. Hierzu gehören zum Beispiel die Dauer und Vorhersehbarkeit des Traumas, Reaktionen wichtiger Bezugspersonen nach dem Trauma, der eigene Zustand vor dem Trauma (z. B. Erschöpfung, Alkoholgenuss, Grad der Angst und körperlichen Erregung), Intelligenz und Persönlichkeitsfaktoren wie Neurotizismus, frühere Erfahrungen (z. B. andere Traumata wie sexueller Kindesmissbrauch) und Überzeugungen (z. B. zur Wahrscheinlichkeit, dass einem selbst ein Trauma passieren wird, zum Selbstwert, zur Bedeutung psychischer Probleme und zur Bedeutung ungewollter Gedanken) sowie eine Vorgeschichte von Angststörungen oder Depressionen (siehe z. B. Breslau et al., 1991). Diese Hintergrundvariablen werden hier nicht vollständig aufgeführt. Sie werden weder als notwendige, noch als hinreichende Bedingungen in der Ätiologie der chronischen PTB betrachtet. Bei der Ableitung eines individuell zugeschnittenen Bedingungsmodells der Störung für den einzelnen Patienten ist es jedoch sinnvoll, entsprechende Variablen zu berücksichtigen. Wichtig ist jedoch, dass sie lediglich als Variablen betrachtet werden, die die drei wesentlichen Mechanismen der PTB beeinflussten (Interpretationen des Traumas/seiner Konsequenzen, Art des Traumagedächtnisses und Wahl der Strategien zum Umgang mit der Bedrohung und den Symptomen).

3 Diagnostik und Indikation

Bei der Diagnostik gilt es zunächst festzustellen, ob das in diesem Buch dargestellte Behandlungsprogramm für den Patienten geeignet ist. Hierzu sollten die in Abschnitt 3.1 dargestellten Fragen abgeklärt werden. In Abschnitt 3.2 werden dann die für die Therapieplanung bedeutsamen diagnostischen Maßnahmen beschrieben.

3.1 Diagnostik der Symptomatik und Indikationshinweise

- *Hat der Patient eine PTB? Welche anderen Probleme liegen vor?*

Wir führen routinemäßig ein strukturiertes Interview zur Erfassung der PTB und anderer Störungen durch (SKID oder DIPS, siehe 1.7). Komorbide Störungen und Probleme werden ebenfalls erfasst. Hierbei ist insbesondere zu achten auf:

Häufige andere Probleme bei Patienten mit PTB
– Depressionen
– andere Angststörungen
– Probleme in der Partnerschaft
– sexuelle Störungen (insbesondere bei Opfern sexueller Gewalt)
– Substanzmissbrauch (Alkohol, Rauchen, Medikamente, Drogen)
– körperliche Beschwerden/Somatisierungsstörungen

Bei Patienten, die wegen des Traumas sehr ärgerlich sind, sollte weiterhin erfragt werden, inwiefern der Patient in der Vorgeschichte (vor oder nach dem Trauma) Anzeichen für *schlechte Ärgerkontrolle oder Impulskontrolle* gezeigt hat (z. B. gewalttätige Handlungen, kriminelle Handlungen). Bei diesen Patienten sind Interventionen zur besseren Ärgerkontrolle indiziert (siehe 4.8.5).

- *Die PTB sollte die primäre psychische Störung sein*

Behandlung geeignet für Patienten mit primärer PTB

Der Behandlungsansatz wurde für Patienten entwickelt, deren primäre Störung eine PTB ist. Falls Probleme des Patienten – wie z. B. andere Angststörungen, Depressionen, Essstörungen oder Probleme in der Partnerschaft – bereits *vor* dem Trauma vorlagen, muss entschieden werden, inwiefern sie für sich behandlungsbedürftig sind. Nützlich für diese Entscheidung ist die Frage: „Stellen Sie sich vor, wir hätten einen Zauberstab und könnten ... (Symptome der PTB) einfach wegzaubern. Meinen Sie, dass Sie in diesem Fall mit ... (andere Probleme und Symptome) zurechtkommen könnten, oder meinen Sie, dass Sie hierfür die Hilfe von Fachleuten brauchen würden?" Es ist möglich, dass das Behandlungsprogramm auch für Patienten mit PTB und anderen behandlungsbedürftigen Störungen geeignet ist, dies wurde bisher jedoch nicht evaluiert.

- *Ausschluss anderer Störungen*

Bei Patienten, die eine *Alkoholabhängigkeit* oder eine Abhängigkeit von anderen Substanzen aufweisen, empfiehlt es sich, zunächst diese Störung zu behandeln. Liegt Alkoholmissbrauch vor, so sollte beurteilt werden, inwiefern er sekundär zur PTB ist.

Ausschluss bei Psychose, akuter Suizidgefahr oder Abhängigkeit

Bei Patienten, bei denen eine *akute Suizidgefahr* besteht, sollte diese zunächst behandelt werden.

Der Behandlungsansatz ist nicht konzipiert für Patienten, die eine *Psychose* in der Vorgeschichte aufweisen.

Manche Patienten mit PTB weisen eine *Borderline-Persönlichkeitsstörung* auf. Wir haben auch solche Patienten erfolgreich behandelt, doch ist die Dauer der Behandlung in solchen Fällen verlängert. Das Trauma kann in diesen Fällen in ähnlicher Weise wie bei anderen Patienten bearbeitet werden, jedoch sind parallel Interventionen zur generellen Stabilisierung der Stimmungsschwankungen, zur Impulskontrolle und zur Verbesserung der Interaktion der Patienten mit wichtigen Bezugspersonen notwendig. Es liegen bisher keine kontrollierten Studien zu dieser Patientengruppe vor.

- *Zeitpunkt der Intervention*

Der hier beschriebene Therapieansatz ist für Patienten mit chronischer PTB konzipiert. Die Störungsdauer betrug in unseren Studien mindestens drei Monate, meist jedoch mehrere Jahre. Erste Studien weisen darauf hin, dass verhaltenstherapeutische Interventionen auch schon nach ca. 6 Wochen sinnvoll sein können (Bryant & Harvey, 1998; Foa et al., 1995). Doch sollten diese frühen Interventionen nur bei Patienten mit schweren Symptomen eingesetzt werden (ab ca. 20 auf der PDS). Denn, wie oben ausgeführt, die Quote der Spontanremissionen ist im ersten Jahr nach dem Trauma insbesondere bei Personen mit schwächer ausgeprägten PTB-Symptomen sehr hoch.

Individuelles Debriefing nicht wirksam

Abzuraten ist von Interventionen, die das Nacherleben des Traumas in den ersten Tagen nach einem traumatischen Erlebnis beinhalten. Das sogenannte „Debriefing" hat nach kontrollierten Studien keine oder sogar negative Effekte auf die PTB-Symptomatik, auch wenn Teilnehmer berichten, dass sie die Intervention hilfreich fanden (Rose & Bisson, 1998).

- *Der Patient sollte sich nicht mehr in realer Gefahr befinden*

Reale Gefahr zunächst beseitigen

Der Therapieansatz ist ungeeignet für Personen, die sich noch in einer realen Gefahr befinden, z. B. für Personen, die von einem Partner bedroht werden, mit dem sie zusammenleben. In diesen Fällen wird es zunächst darum gehen, geeignete Schritte einzuleiten, um die Bedrohung zu beseitigen.

3.2 Diagnostik der aufrechterhaltenden Mechanismen

- *Diagnostik problematischer Interpretationen des Traumas/seiner Konsequenzen*

Als erster Einstieg in die Erfassung problematischer Interpretationen bietet sich der Fragebogen zu posttraumatischen Kognitionen an (Posttraumatic Cognitions Inventory, PTCI; Foa, Ehlers, Clark, Tolin & Orsillo, 1999; eine vorläufige deutsche Übersetzung ist im Anhang als „Fragebogen zu Gedanken nachtraumatischen Erlebnissen“ abgedruckt, siehe S. 92-93). Unserer Erfahrung nach ist der Einsatz eines solchen Fragebogens wichtig, um ein großes Spektrum relevanter Interpretationen zu erfassen. Im therapeutischen Gespräch kann es sonst vorkommen, dass relevante Interpretationen zunächst übersehen werden, weil der Patient nur ungern darüber spricht (z. B. Interpretationen, die Schamgefühle auslösen).

Kognitionsfragebogen einsetzen

Weiterhin wird der Patient aufgefordert, an das Erlebnis zurückzudenken und zu überlegen, was das Schlimmste für ihn war und welches die belastendsten Momente waren. Die Momente, die bei der Erinnerung die stärksten Gefühle auslösen („hot spots“), werden weiter exploriert, um ihre individuelle Bedeutung zu erfassen. Das gleiche gilt für die Bilder, die beim intrusiven Wiedererleben immer wieder auftauchen, und für Momente während der Therapiesitzung, während derer sich der Patient zurückzieht oder dissoziiert.

Die Art der vorherrschenden Emotionen (z. B. Schuldgefühl, Ärger, Scham, Trauer oder Furcht) liefert Hinweise auf die zugrundeliegenden Interpretationen:

Zusammenhang von Emotionen mit Interpretationen
– Schuldgefühle: Interpretationen, für das Ereignis oder seinen Ausgang verantwortlich zu sein – Ärgergefühle: Interpretationen zur Ungerechtigkeit oder zur Verletzung persönlicher Regeln durch andere – Schamgefühle: Interpretationen, bedeutsame Regeln über das eigene Verhalten verletzt zu haben – Trauer: Interpretationen, etwas Bedeutsames verloren zu haben – Furcht: Interpretationen zur Übergeneralisierung von Gefahr

Um die Interpretationen der Konsequenzen des Traumas zu erfassen, fragt der Therapeut, was der Patient am schwierigsten/schlimmsten nach dem Ereignis empfunden hat und was er über seine PTB-Symptome, das Verhalten anderer Personen nach dem Ereignis und andere Konsequenzen des Traumas denkt.

Falls der Beginn der PTB verzögert einsetzte, sollte man nach Ereignissen oder neuen Informationen fragen, die die Bedeutung des traumatischen Erlebnisses verändert haben könnten.

- *Diagnostik der aufrechterhaltenden Verhaltensweisen und kognitiven Strategien*

Patienten zeigen eine Vielfalt von aufrechterhaltenden Verhaltensweisen

Als erster Einstieg bieten sich entsprechende Fragebogen an, um einen Gesamtüberblick zu bekommen. Im Anhang (siehe S. 95-96) findet sich der in der Entwicklung befindliche „Fragebogen zum Umgang mit traumatischen Erlebnissen" von Ehlers (1998).

Weiterhin werden dem Patienten die folgenden Fragen gestellt:

Fragen zur Identifikation von aufrechterhaltenden Verhaltensweisen und kognitiven Strategien
– Was haben Sie bisher getan, um das Trauma hinter sich zu bringen?
– Was vermeiden Sie seit dem Trauma?
– Wie gehen Sie mit den Symptomen des Wiedererlebens um?
– Was wird passieren, wenn Sie über das Erlebnis nachdenken?
– Was wird passieren, wenn Sie Ihren Gefühlen freien Lauf lassen?
– Grübeln Sie über das Erlebnis/dessen Folgen nach?
– Was geht Ihnen durch den Kopf, wenn Sie grübeln?

Um die mit den aufrechterhaltenden Verhaltensweisen und kognitiven Strategien verbundenen Interpretationen und Überzeugungen zu identifizieren, sind die folgenden Fragen nützlich:

Fragen zur Identifikation von Kognitionen, die den aufrechterhaltenden Verhaltensweisen zugrunde liegen
– Wenn Sie ... nicht tun würden, was würde dann passieren?
– Was bedeutet es genau, wenn Sie sagen ... (z. B. „Ich kann das nicht aushalten, ich verliere die Kontrolle")?
– Wie würde das aussehen, woran würden Sie das merken?
– Wenn das stimmt, was würde das für Sie bedeuten?
– Wenn das stimmt, was wäre so schlimm daran?
– Wenn Sie ... (z. B. damit fertig werden könnten/die Kontrolle behalten würden), inwiefern würde Ihr Leben anders sein als zur Zeit?

- *Diagnostik des Trauma-Gedächtnisses und des intrusiven Wiedererlebens*

Bei der Schilderung des traumatischen Erlebnisses durch den Patienten wird darauf geachtet:
- ob Lücken in der Erinnerung vorliegen,
- ob Verwirrung über die Reihenfolge der Ereignisse besteht,
- ob die Erinnerung/das intrusive Wiedererleben eine starke „Hier-und-Jetzt"-Qualität haben und
- ob sie starke sensorische oder motorische Komponenten aufweisen.

Es kann davon ausgegangen werden, dass das Trauma-Gedächtnis bei allen Patienten mit chronischer PTB ungenügend elaboriert ist, jedoch unterscheiden sie sich im Ausmaß der Gedächtnisstörung. Im Gespräch allein lassen sich die Charakteristika des Trauma-Gedächtnisses nicht vollständig erfassen. Hierzu ist das therapeutische Nacherleben des Traumas in der Imagination oder beim Beschreiben des Erlebnisses notwendig (siehe 4.5).

- *Beziehung zu anderen traumatischen Erlebnissen*

Falls der Patient mehrere traumatische Erlebnisse hatte, ist es wichtig zu erfragen, welches der Ereignisse zu der PTB geführt hat. Verbindungen zwischen den Ereignissen hinsichtlich ihrer Bedeutung und hinsichtlich ähnlicher sensorischer Komponenten sollten exploriert werden.

- *Aktivitäten und soziale Kontakte vor und nach dem Trauma vergleichen*

Es wird verglichen, wie der Patient sein Leben vor und nach dem Trauma gestaltete: Hat er bedeutende Aktivitäten, soziale Kontakte oder berufliche Aufgaben aufgegeben?

- *Andere Bedingungen, die einer Besserung im Weg stehen*

Körperliche Folgen des Traumas, Warten auf Operationen, sich hinziehende gerichtliche Auseinandersetzungen oder Verfahren zur Entschädigung für das Trauma, finanzielle Probleme, Probleme am Arbeitsplatz oder in der Familie können eine Besserung behindern. Sie sollten deswegen exploriert werden.

4 Behandlung

4.1 Allgemeine Aspekte der Behandlung

4.1.1 Ziele der Behandlung

Drei Behandlungsziele (Gedächtnis, Interpretationen, Verhalten)

Wenn Menschen darüber sprechen, wie sie sich von traumatischen Erlebnissen erholt haben, benutzen sie Metaphern wie „Ich bin damit fertig geworden" oder „Ich bin darüber hinweggekommen". Sie haben es also geschafft, das Erlebnis als einen vergangenen Teil ihres Lebens einzuordnen. Nach dem Modell von Ehlers und Clark (1999) sind dazu bei der PTB drei Veränderungen notwendig:

Ziele der psychologischen Behandlung
– Das Traumagedächtnis muss elaboriert und in seinen Kontext eingeordnet werden, um intrusives Wiedererleben zu reduzieren.
– Die problematischen Interpretationen des Traumas und/oder seiner Konsequenzen, die das Gefühl der aktuellen Bedrohung hervorrufen, müssen geändert werden.
– Die Patienten müssen die dysfunktionalen Verhaltensweisen und kognitiven Strategien aufgeben, mit denen sie die wahrgenommene aktuelle Bedrohung und die PTB-Symptome zu kontrollieren versuchen.

4.1.2 Planung der Behandlungssitzungen

Die Behandlung umfasst nach unserer Erfahrung 8 bis 12 wöchentliche Sitzungen und 3 monatliche Sitzungen zur Festigung der in der Therapie erzielten Veränderungen (Booster-Sitzungen). Für die Therapiesitzungen sollten 90 Minuten eingeplant werden. Dies gilt insbesondere für die ersten Sitzungen, in denen die Patienten das Trauma imaginativ nacherleben. Für Sitzungen mit *in-vivo*-Exposition sollten in der Regel mindestens 2 Stunden eingeplant werden, je nach Anfahrtsweg auch länger.

Symptomatik erschwert regelmäßige Teilnahme

Patienten mit PTB schlafen oft nachts sehr schlecht und verschlafen deswegen morgens nicht selten. Daher bietet es sich unserer Erfahrung nach in vielen Fällen an, die Sitzungen am Nachmittag abzuhalten.

Sich mit dem Trauma auseinanderzusetzen, ist für die Patienten mit viel Angst besetzt, und dies gilt natürlich auch für die Therapiesitzungen. Die Patienten haben bisher Situationen vermieden, die an das Trauma erinnern, und es fällt ihnen schwer, dieses Verhalten mit Beginn der Therapie völlig abzulegen. Insofern kommt es recht häufig vor, dass Therapiestunden abgesagt werden oder Patienten nicht zum vereinbarten Termin erscheinen. Es ist wichtig, dies als Teil der Symptomatik zu verstehen und dem Patienten Verständnis zu vermitteln. Es ist in solchen Fällen sinnvoll, sich aktiv um Kontakt zu bemühen (z. B. anrufen) und so viel Unterstützung wie möglich anzubieten, um die Wahrscheinlichkeit zu erhöhen, dass der Patient die Therapie fortsetzt.

4.1.3 Therapeutisches Setting und Therapeutenverhalten

Patienten müssen sich verstanden fühlen

Es ist bei der Behandlung der PTB besonders wichtig, dass sich die Patienten sich vom Therapeuten *verstanden* fühlen. Diese Menschen sind zum Beispiel von anderen Menschen misshandelt worden, haben sich während des Traumas völlig alleingelassen gefühlt, haben negative Reaktionen anderer nach dem traumatischen Erlebnis wahrgenommen oder befürchten, dass andere schlecht über sie denken, wenn sie über ihre Reaktion auf das Trauma sprechen. Insofern muss insbesondere am Anfang der Therapie ganz deutlich werden, dass der Therapeut auf der Seite des Patienten ist. Empathisches Mitgehen, das Teilen der emotionalen Reaktionen wie Ärger, Trauer oder Entsetzen, fördert den Aufbau einer guten therapeutischen Beziehung. Patienten, die befürchten, andere würden sie wegen ihrer Reaktion auf das Ereignis verachten, interpretieren teilweise das Verhalten des Therapeuten (z. B. Versuche zur kognitiven Umstrukturierung) als Hinweis, sie seien minderwertig, dumm etc. Hier ist die Normalisierung der Symptome und die Betonung der Logik der bisherigen Bewältigungsversuche besonders wichtig, ebenso wie die explizite Information, dass in der Therapie starke Gefühle erwünscht sind. Das Zeigen eigener emotionaler Reaktionen auf das Ereignis kann hier Modellwirkung haben.

Patienten müssen sich sicher fühlen

Weiterhin ist wesentlich, dass die Patienten sich *sicher* fühlen. Subtile Aspekte des therapeutischen Settings können dem im Wege stehen, wenn sie an das Trauma erinnern, und müssen entsprechend beseitigt oder geändert werden. So war ein Gefängniswärter, der von einem Gefangenen in dessen Zelle zusammengeschlagen worden war, im Therapiezimmer sehr unruhig und konnte sich nicht konzentrieren. Es stellte sich heraus, dass dieses Gefühl durch Vertikaljalousien ausgelöst wurde, die an das Gitter in der Zelle erinnerten. Auch Aspekte des Therapeutenverhaltens können an das Trauma erinnern. Patienten, denen von anderen Gewalt angetan wurde, können sehr empfindlich auf Versuche des Therapeuten reagieren, die Konfrontation mit dem Trauma zu forcieren. Diese Patienten sollten soviel Kontrolle wie möglich über die therapeutischen Schritte erhalten und über Alternativen selbst entscheiden.

4.1.4 Effekte des traumatischen Ereignisses auf Therapeuten

Therapeuten sollten eigenen Vermeidungstendenzen entgegenwirken

Die entsetzlichen Erlebnisse von Patienten mit Posttraumatischer Belastungsstörung lassen Therapeuten nicht unberührt. So können auch Therapeuten am Anfang der Behandlung eine gewisse Erwartungsangst davor haben, sich die schrecklichen Details des Erlebnisses anzuhören, die zu Vermeidungstendenzen (z. B. Herausschieben des imaginativen Nacherlebens) führt. Dem sollte nicht nachgegeben werden! Denn wie die Patienten erleben auch Therapeuten, dass das Erlebnis tolerierbarer wird, wenn die gesamte Geschichte betrachtet wird, als wenn einzelne Bruchstücke im Kopf herumspuken. Auch ist es wichtig, dem Patienten zu vermitteln, dass der Therapeut bereit ist, alle Einzelheiten des Erlebnisses zu teilen, so dass nichts zensiert werden muss. Anderenfalls könnten Gefühle der Scham oder das Gefühl, durch das Erlebnis von allen anderen Menschen entfremdet zu sein, nicht bearbeitet werden. Der Patient sollte spüren, dass der Therapeut das Anhören/Teilen der schrecklichen Erfahrungen aushalten kann. Anderenfalls kann es dazu kommen, dass der Patient den Therapeuten „schont" und wichtige Aspekte auslässt oder seinen Gefühlen nicht freien Lauf lässt.

Doch gibt es Grenzen dessen, was Therapeuten sich zumuten sollten. Wenn die traumatischen Ereignisse eine zu große persönliche Bedeutung haben (z. B. gewaltsamer Tod kleiner Kinder für Therapeuten, die Kinder im gleichen Alter haben), kann es ratsam sein, die Behandlung nicht zu übernehmen. Ebenso kommen Kollegen, die eine große Zahl traumatisierter Personen behandeln, teilweise an die Grenzen ihrer Ressourcen (burn out). Hier kann es evtl. sinnvoll sein, für eine Zeit vornehmlich andere Patientengruppen zu behandeln.

Supervision zur Reflektion der eigenen emotionalen Reaktionen auf das traumatische Erlebnis, Austausch mit und Unterstützung durch Kollegen ist hilfreich, um stellvertretender Traumatisierung (vicarious traumatisation) vorzubeugen.

4.1.5 Tonbandaufnahme/schriftliche Unterlagen

Tonbandaufnahme und schriftliche Unterlagen für Patienten wichtig

Es ist unserer Erfahrung nach wesentlich, die gesamte Behandlungssitzung auf eine Tonbandkassette aufzunehmen und diese dem Patienten nach der Sitzung mit der Instruktion auszuhändigen, das ganze Band anzuhören und sich Notizen zu machen. Dies unterstützt die Konsolidierung der neuen Informationen und kognitiven Veränderungen, zumal Patienten mit PTB oft Konzentrationsschwierigkeiten haben.

Aus dem gleichen Grund werden auch das während der Sitzung erarbeitete Modell der Störung, Protokolle zur kognitiven Umstrukturierung und andere in der Therapie gewonnene Erkenntnisse schriftlich festgehalten und dem Patienten mitgegeben. Das gleiche gilt für Hausaufgaben.

4.1.6 Generelles Therapiekonzept

Nach unserer Erfahrung bietet sich eine enge Verzahnung von kognitiven und Expositionsverfahren an, um die in 4.1.1 dargestellten Therapieziele zu erreichen. Im Folgenden werden einzelne Interventionstechniken beschrieben, die sich bewährt haben. Eine typische erste Therapiesitzung wird in Abschnitt 4.2 ausführlich beschrieben. Der Ablauf der nächsten Sitzungen ist individuell verschieden und richtet sich danach, welche problematischen Interpretationen, Verhaltensweisen und kognitiven Strategien die PTB im Einzelfall aufrechterhalten. Allgemeine Richtlinien und ein typischer Ablauf der weiteren Therapiesitzungen werden in Abschnitt 4.3 dargestellt. In den Abschnitten 4.4 bis 4.9 werden dann die einzelnen Interventionstechniken beschrieben.

4.2 Behandlungsrational und Erarbeiten eines Modells der Störung

4.2.1 Übersicht zur ersten Behandlungssitzung

In der ersten Behandlungssitzung nach dem diagnostischen Gespräch geht es darum, gemeinsam mit dem Patienten ein individuelles Modell der Aufrechterhaltung der Störung zu entwickeln, aus dem die Behandlungsschritte abgeleitet werden können. Eine typischer Ablauf einer ersten Behandlungssitzung ist in der Übersicht dargestellt. Die einzelnen Punkte werden im Folgenden näher beschrieben.

Übersicht zur ersten Behandlungssitzung
– Patient nennt die belastendsten Symptome und seine Ziele
– Normalisierung der Symptome: Therapeut erklärt PTB-Symptome als normale Reaktion auf eine extreme abnorme Situation; intrusives Wiedererleben wird durch Besonderheiten des Trauma-Gedächtnisses erklärt; Ableitung des Rationals zum imaginativen Nacherleben

- Experiment zum Gedankenunterdrücken:

  Patient erfährt, dass das Unterdrücken der Intrusionen verständlich ist, aber das Problem aufrechterhält;

  Hausaufgabe: Intrusionen kommen und gehen lassen;

  Weitere aufrechterhaltende Verhaltensweisen werden angesprochen
- Einstieg in Interpretationen des Traumas und seiner Konsequenzen
- Einstieg in „Das Leben zurückerobern":

  Exploration von aufgegebenen Aktivitäten und Kontakten;

  Rational und Hausaufgabe zum Zurückerobern
- Individuelles Modell der Störung

4.2.2 Symptome normalisieren

Symptome des Patienten als typisch darstellen

Der Patient nennt zunächst die Symptome, die ihn am meisten beeinträchtigen, und seine Behandlungsziele. Dies beinhaltet im Allgemeinen die Reduktion des intrusiven Wiedererlebens und der Symptome der Übererregung wie Schlafstörungen. Der Therapeut nimmt dies zum Aufhänger, um zu erklären, dass die PTB-Symptome eine normale Reaktion auf eine extreme abnorme Situation darstellen und bei fast allen traumatisierten Personen vorkommen. Die Erklärung wird auf die jeweiligen Symptome abgestimmt. Dem Patienten wird ein Informationsblatt (siehe Anhang, S. 82-91) ausgehändigt, in dem die einzelnen Symptome besprochen werden. Es ist im Allgemeinen sehr nützlich darauf hinzuweisen, dass das Muster der Symptome und gerade die Symptome, die dem Patienten besondere Sorge bereiten (wie die „Hier-und-Jetzt"-Qualität des Wiedererlebens oder Wutausbrüche scheinbar ohne Grund), ganz typisch für das Störungsbild der Posttraumatischen Belastungsstörung sind.

Ein besonderer Schwerpunkt liegt bei der Erklärung der Symptome des intrusiven Wiedererlebens, weil daraus direkt das Rational für das imaginative Nacherleben des Traumas abgeleitet wird (siehe 4.5), wie am folgenden Beispiel erläutert. Auch ist es für Patienten entlastend und motivierend zu erfahren, dass das intrusive Wiedererleben nicht bedeutet, dass mit ihnen etwas nicht stimmt, dass sie verrückt werden oder mit ihrem Leben nicht mehr zurecht kommen. Das Problem wird in gewisser Weise externalisiert (als Gedächtnisproblem) und als bearbeitbar wahrgenommen (i. S. v. das Gedächtnis muss „repariert" werden, nicht meine ganze Person). Damit wird Hoffnung geweckt.

Nennt der Patient unrealistische Behandlungsziele (z. B. die Erinnerung an das Erlebnis durch psychologische „Tricks" auszulöschen), so werden diese entsprechend korrigiert.

Beispiel für die Erläuterung der Besonderheiten des Trauma-Gedächtnisses
(Patientin mit PTB nach Autounfall)

„Wir hatten ja schon darüber gesprochen, dass Ihnen ungewollt immer wieder das Geräusch des Aufpralls in den Kopf kommt und dass Sie dabei die Farben des Buses vor sich sehen, der auf Ihr Auto gefahren ist. Und dass dieses Geräusch und diese Farben so deutlich sind, als ob Sie sie gerade in dem Moment hören und sehen würden. Auch Ihr Körper reagiert so, als ob das alles gerade jetzt passieren würde: Sie bekommen Herzklopfen und Ihr Kopf tut Ihnen wieder weh. Dies ist ganz typisch nach traumatischen Erlebnissen wie Ihrem Unfall und liegt an der Art, wie solche Erlebnis in unserem Gedächtnis abgespeichert werden. Ich will das mal ein wenig genauer erklären:

Persönliche Erlebnisse werden normalerweise in unserem Gedächtnis so gespeichert, dass man *nicht* alles noch einmal wiedererlebt, wenn man an das Erlebnis erinnert wird. Wenn Sie zum Beispiel an Ihren letzten Geburtstag denken, so werden Sie sich wahrscheinlich daran erinnern können, wie Sie sich gefühlt haben und was Sie gemacht haben, aber Sie erleben diese Gefühle nicht in der gleichen Stärke und Sie sehen und hören nicht genau, was an diesem Tag passiert ist. Das liegt daran, dass die Erlebnisse an diesem Tag in verarbeiteter Form gespeichert wurden, sie wurden eingeordnet in ihre anderen persönlichen Erlebnisse, zum Beispiel andere Geburtstage, andere Erlebnisse mit den Personen, mit denen Sie den Geburtstag verbracht haben usw. Man kann das damit vergleichen, dass man Fotos von einem Erlebnis macht, sie entwickelt, ordnet und dann in ein Album einklebt. In ähnlicher Weise werden unsere persönlichen Erinnerungen in unserem Gedächtnis geordnet und in verarbeiteter Form gespeichert.

Bei traumatischen Erlebnissen ist das anders. So ein Erlebnis ist so überwältigend, so anders als alles andere, was man bisher erlebt hat, und passiert zu unerwartet, als dass man es so schnell verarbeiten könnte. So bleibt das Erlebnis sozusagen in Rohform im Gedächtnis. Das hat zur Folge, dass das Erlebnis auch in Rohform abgerufen wird, wenn etwas daran erinnert. So hat man die gleichen Eindrücke, Gefühle und Körperempfindungen, als wenn das Ereignis gerade im Moment passieren würde.

Und es hat zur Folge, dass das Erlebnis besonders leicht aus dem Gedächtnis abgerufen wird. Sie können sich das wie bei einem Schrank vorstellen, in den man viele Dinge ganz schnell hereingeworfen hat, so dass man die Tür nicht ganz schließen kann. Irgendwann wird dann die Tür aufgehen und etwas fällt heraus.

Notwendigkeit des Nacherlebens aus Besonderheiten des Trauma-Gedächtnisses ableiten

Was muss man nun tun, damit die Dinge nicht mehr herausfallen? Man muss alle Dinge herausnehmen, ansehen, sortieren und dann geordnet in den Schrank räumen. Genau so ist es nun mit dem Gedächtnis für ein traumatisches Erlebnis. Leider kann auch da die Tür nicht einfach geschlossen werden, ohne dass man vorher alles, was passiert ist, ansieht und nach der Bedeutung, die es für einen hat, ordnet. Damit es ein Teil der Vergangenheit wird, muss es betrachtet und eingeordnet werden."

Eine andere nützliche Analogie: Das Gedächtnis für das Erlebnis ist wie ein Puzzle, das heruntergefallen ist und überall über den Boden verstreut ist. So stolpert man an unverhofften Stellen über seine Teile. Erst wenn man alle Teile angeguckt und zusammengesetzt hat, kann man das Puzzle wegräumen.

4.2.3 Experiment zur Gedankenunterdrückung

Therapeut und Patient besprechen, wie der Patient bisher mit ungewollten Erinnerungen an das Trauma umgegangen ist. Hier berichten Patienten meist, dass sie solche Erinnerungen so schnell wie möglich aus dem Kopf drängen. Der Therapeut betont zunächst, wie verständlich diese Reaktion ist. Es ist sinnvoll, diese Reaktion mit einem Reflex zu vergleichen, zum Beispiel, wenn man einen Finger von einer heißen Herdplatte wegzieht. Dies beugt der Schlussfolgerung des Patienten vor, alles falsch gemacht zu haben und sich als inkompetent zu erleben. Dann fragt der Therapeut, wie gut diese Strategie bisher funktioniert hat. Kommen die Erinnerungen jetzt nur noch sehr selten in den Kopf? Dies bietet den Einstieg für ein Verhaltensexperiment zur Auswirkung des Gedankenunterdrückens.

Paradoxe Effekte der Gedankenunterdrückung

Instruktion: Experiment zum Gedankenunterdrücken

Therapeut: „Ich würde gern ein kleines Experiment mit Ihnen machen... Sie können in den nächsten paar Minuten an alles Mögliche denken, woran Sie nur wollen. Nur an eine Sache dürfen Sie auf keinen Fall denken... Es ist ganz wichtig, dass Sie an eine Sache nicht denken... Und diese Sache ist ... ein leuchtend grünes Kaninchen, das an meinen Haaren knabbert (oder nach Belieben: eine schwarz-weiße Katze auf meiner Schulter, o.Ä.) ... PAUSE ... Nun: Wie ist Ihnen das gelungen?"

Patient: „Also, das was ganz schwer. Ich habe doch tatsächlich so ein Kaninchen vor mir gesehen, obwohl ich das ja nicht sollte. Und es war schwer, das loszuwerden."

Therapeut: „Wie erklären Sie sich das?"

Patient: „Das ist verblüffend, vielleicht kann man nicht nicht an etwas denken."

Therapeut: „Ja, genau. Das menschliche Gehirn ist so angelegt, dass Gedanken, die man mit aller Gewalt aus dem Kopf drängen will, sogar noch häufiger auftreten... Wenn wir das nun auf das Geräusch und die

Farben von Ihrem Unfall übertragen, was meinen Sie: Was wäre die Schlussfolgerung aus diesem Experiment?"

Patient: „Dass ich die gar nicht in den Griff kriege, wenn ich sie wegdränge."

Therapeut: „Ja, genau. Diese Bilder und Geräusche kommen Ihnen wahrscheinlich sogar häufiger in den Kopf, wenn Sie sie wegdrängen... Das wäre eine Vorhersage, die wir gemeinsam überprüfen können... Was halten Sie davon, wenn Sie in der nächsten Woche ausprobieren, was passiert, wenn Sie sich nicht anstrengen, das Geräusch und die Farben aus dem Kopf zu drängen, sondern sie einfach kommen und gehen lassen. Stellen Sie sich das so vor, als wenn Sie einen Zug beobachten, der an Ihnen vorbeifährt. Sie sehen ihn kommen, aber er fährt auch wieder vorbei. Es hat keinen Sinn zu versuchen, den Zug anzuhalten... Sie hören den Lärm und spüren den Fahrtwind, wie der Zug an Ihnen vorbeifährt... aber der Zug fährt von allein vorbei und ist auch schon weg."

Es ist sinnvoll, darauf hinzuweisen, dass es nicht am Anfang nicht einfach ist, diese neue Strategie einzusetzen, so dass es nicht gleich 100%ig klappen wird. Der Patient soll beobachten, was passiert, wenn er die Strategie einsetzt, und was passiert, wenn er dies nicht tut und seine alte Strategie (Gedankenunterdrückung, mit Gewalt ablenken, Gefühle betäuben) einsetzt.

Diese Intervention führt bei einem Teil der Patienten schon direkt zur Reduktion des intrusiven Wiedererlebens und reduziert ihre Überzeugung, die Kontrolle zu verlieren oder verrückt zu werden. In den folgenden Sitzungen wird verfolgt, wie gut es dem Patienten gelingt, die Intrusionen kommen und gehen zu lassen.

Im Folgenden werden andere dysfunktionale Verhaltensweisen (z.B. Vermeidung, Grübeln, Sicherheitsverhalten) angesprochen und es wird vereinbart, diese in den nächsten Sitzungen genauer zu besprechen und eventuell zu ändern (siehe 4.4, 4.7, 4.9).

4.2.4 Interpretationen des Traumas/ seiner Konsequenzen

In der ersten Sitzung sollte auch angesprochen werden, wie der Patient das Trauma/dessen Konsequenzen interpretiert (siehe 3.2). Ziel ist es zunächst, eine Verbindung herzustellen zwischen diesen Gedanken und den Gefühlen und Symptomen, die der Patient erlebt. Es wird wiederum darauf hingewiesen, dass solche negativen Gedanken ganz typische Reaktionen auf traumatische Erlebnisse sind, und es wird wiederum auf das Informationsblatt verwiesen. Es wird vereinbart, dass es ein Ziel der Behandlung ist, über diese Gedanken zu sprechen und zu überprüfen, inwieweit sie eine realistische Einschätzung der Welt oder der eigenen Person darstellen (das weitere Vorgehen wird in Kapitel 4.8 erläutert).

4.2.5 Das Leben zurückerobern

Frühere Kontakte und Aktivitäten wieder aufnehmen!

Patienten mit PTB haben das Gefühl, dass ihr Leben zum Zeitpunkt des traumatischen Erlebnisses stehengeblieben ist. Auch denken sie oft, dass sie seit dem Trauma nicht mehr die gleiche Person sind, und leiden darunter. Die Exploration ergibt meist, dass sie Aktivitäten und Kontakte aufgegeben haben, die ihnen früher wichtig waren. Therapeut und Patient besprechen, dass dieser Rückzug zu dem Gefühl beiträgt, dass das Leben stehengeblieben ist und der Patient für immer zum Negativen verändert wurde. Sie leiten daraus die Notwendigkeit ab, das alte Leben schrittweise zurückzuerobern. Sie listen Aktivitäten und Kontakte auf, die dem Patienten vor dem traumatischen Erlebnis wichtig waren, und danach aufgegeben wurden.

Wenn keine objektiven Gründe vorliegen, derentwegen die Aktivität nicht mehr durchgeführt werden kann, wird der Patient ermutigt, sie wieder aufzunehmen. Patienten wenden oft ein, dass ihnen die Aktivität jetzt keinen Spass mehr bringen würde, dass sie es schon probiert hätten, sich aber dann doch nicht aufraffen konnten usw. Der Therapeut vermittelt Verständnis, dass es gut nachvollziehbar ist, warum der Patient die Aktivität aufgegeben hat. Er erklärt, dass es jedoch wichtig ist, zunächst wieder in die alten Gewohnheiten hereinzukommen. So werde man dann sozusagen durch das Tun und die Eindrücke dabei daran erinnert, was daran Spaß bringt, so dass die Aktivität wahrscheinlich erst mit Zeitverzögerung als angenehm erlebt wird. Als Hausaufgabe werden konkrete Schritte vereinbart (z. B. neue Sportschuhe kaufen und wieder täglich laufen gehen).

Wenn die Aktivität aus objektiven Gründen (z. B. körperliche Folgen des Traumas, finanzielle Probleme durch Verlust der Arbeit etc.) nicht mehr ausgeführt werden kann, werden realistische Alternativen exploriert. Zum Beispiel kann ein Patient evtl. nicht mehr Fußball spielen, kann aber schwimmen gehen.

Kontakte wurden oft abgebrochen, weil der Patient befürchtet, über das Trauma sprechen zu müssen und dabei von seinen Emotionen überwältigt zu werden oder wegen seiner Reaktionen auf das Trauma abgelehnt zu werden. Hier sollte der Therapeut versuchen, im Rahmen eines sokratischen Dialoges eine konkrete Vorhersage herauszuarbeiten und die subjektive Bedeutung zu konkretisieren. Anschließend wird besprochen, welche Hinweise der Patient für seine Annahme hat. Alternative Interpretationen werden gesucht. Schließlich wird besprochen, dass die Vorhersage nur durch Aufnahme des Kontaktes geprüft werden kann. Oft ist es nützlich, im Rollenspiel durchzugehen, was der Patient dabei sagt, um zu erklären, dass er sich so lange nicht gemeldet hat. Auch kann es hilfreich sein, im Rollenspiel zu üben, wie der Patient anderen seine Reaktion auf das Trauma erklärt.

4.2.6 *Modell der Störung*

Am Ende der ersten Sitzung einigen sich Patient und Therapeut auf ein in wenigen Sätzen festgehaltenes Modell der Störung. Es ist hier in abstrakter Form dargestellt, wird jedoch für den jeweiligen Patienten konkret anhand von seinen individuell relevanten Beispielen aufgeschrieben. Das Modell wird dem Patienten nach Hause mitgegeben. In den folgenden Sitzungen wird immer wieder Bezug auf das Modell genommen und es wird weiter konkretisiert.

Modell der Störung individualisieren

Allgemeines Modell der Störung (individuell abstimmen)

1. Meine Symptome sind eine normale Reaktion auf eine abnorme Situation. Ich habe ein Trauma erlebt!
2. Die Symptome werden aufrechterhalten durch:
   - Das Gedächtnis für das traumatische Erlebnis ist in Rohform gespeichert, so wird es besonders leicht durch „passende" Reize abgerufen und erscheint in „Hier-und-Jetzt"-Form.
   - Das Erlebnis und/oder seine Konsequenzen führen dazu, dass ich anders über die Welt/über mich denke.
   - Einige Dinge, die ich tue, um meine Symptome in den Griff zu bekommen, verhindern eine Besserung.
3. In der Therapie werde ich deshalb ...
   - ... das Gedächtnis für das Erlebnis ordnen und verarbeiten
   - ... darüber sprechen, wie ich seit dem Trauma über die Welt und über mich denke
   - ... andere Wege ausprobieren, um meine Symptome in den Griff zu bekommen

Es kann nützlich sein, zur Veranschaulichung den Zusammenhang zwischen problematischen Interpretationen, dysfunktionalem Verhalten und kognitiven Strategien und PTB-Symptomen graphisch darzustellen. Abbildung 2 zeigt ein Beispiel.

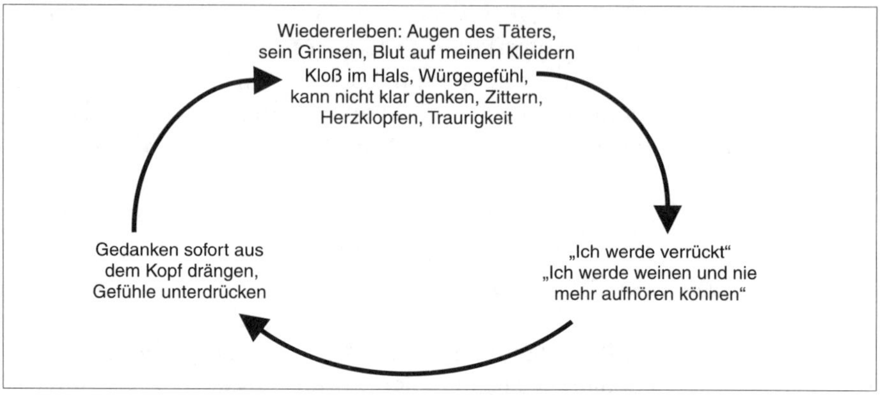

Abbildung 2:
Beispiel für die graphische Veranschaulichung des Zusammenhanges zwischen problematischen Interpretationen, dysfuntionalen Verhaltensweisen und PTB-Symptomen

4.3 Übersicht über die weiteren Sitzungen

Der Ablauf der weiteren Therapiesitzungen wird individuell abgestimmt. Jede Sitzung beginnt mit der Besprechung der Hausaufgaben. Danach werden die Themen der Stunde festgelegt. Die Hausaufgaben zum Zurückerobern des Lebens ziehen sich über die gesamte Dauer der Therapie hin. Ein Teil jeder Sitzung sollte deswegen diesem Therapiebaustein gewidmet werden.

Enge Integration des imaginativen Nacherlebens mit kognitiven Techniken

Das imaginative Nacherleben des Traumas (4.5) und kognitive Therapietechniken (4.8) werden im Folgenden getrennt beschrieben, in der Behandlung werden sie jedoch eng verzahnt eingesetzt. Die richtige Balance ist nicht einfach. Zum einen müssen die emotionalen Komponenten des Trauma-Gedächtnisses genügend aktiviert werden, um deren Bedeutung zu erfassen. Zum anderen ist das imaginative Nacherleben sehr anstrengend, und die kognitive Umstrukturierung sollte nicht durchgeführt werden, wenn der Patient zu erschöpft, verwirrt, erregt oder emotional taub ist, um zu profitieren. Im Allgemeinen konzentrieren wir uns in der zweiten Therapiesitzung auf mehrere Durchgänge des imaginativen Nacherlebens und auf die Exploration der belastendsten Momente („hot spots") und deren Bedeutung. Von der dritten Sitzung an werden dann kognitive Techniken zur Modifikation der individuellen Bedeutung eingesetzt. *In-vivo*-Exposition an Situationen, die an das Trauma erinnern oder z. B. den Ort des Geschehens unterstützt die Elaboration des Trauma-Gedächtnisses und die Modifikation der dysfunktionalen Interpretationen (siehe 4.7). Das Nacherleben dient, wenn nötig, in diesen Sitzungen zur weiteren Elaboration des Gedächtnisses und zur Aktivierung der relevanten emotionalen Bedeutung. Nach erfolgreicher Modifikation von problematischen Interpretationen wird die neue Interpretation dann in das imaginative Nacherleben integriert. Ein Beispiel für einen solchen Therapieverlauf zeigt Tabelle 4.

Tabelle 4:
Beispiel für den Ablauf einer Therapie

Sitzung 1	Siehe 4.2
Sitzung 2	*Hausaufgabenbesprechung:* 1. Das Leben zurückerobern (siehe 4.2.5) 2. Aufgeben des Gedankenunterdrückens (siehe 4.2.3) *Themen der Sitzung:* 1. Nacherleben des Traumas (siehe 4.5), Interpretationen explorieren (siehe 4.5.4) 2. Einstieg in Identifikation und Diskrimination von Auslösern des intrusiven Wiedererlebens (siehe 4.6) 3. Aufrechterhaltende Verhaltensweisen modifizieren (4.9), evtl. dazu Informationen vermitteln (4.4) *Hausaufgaben:* 1. Das Leben zurückerobern (siehe 4.2.5) 2. Nacherleben (siehe 4.5.5) 3. Beobachtung von Auslösern des Wiedererlebens (siehe 4.6) 4. Aufrechterhaltende Verhaltensweisen aufgeben/ersetzen durch andere Strategien
Sitzung 3	*Hausaufgabenbesprechung* *Themen der Sitzung:* 1. Nacherleben des Traumas (siehe 4.5), weitere Exploration der Interpretationen (siehe 4.5.4) 2. Beginn der kognitiven Umstrukturierung (siehe 4.8; zunächst vor allem Belege sammeln, die für und gegen Interpretationen sprechen, siehe 4.8.1) 3. Evtl. Informationen geben, die für Umstrukturierung nützlich sind (4.4) 4. Aufrechterhaltende Verhaltensweisen modifizieren (4.9), evtl. dazu Informationen vermitteln (4.4) *Hausaufgaben:* 1. Das Leben zurückerobern (siehe 4.2.5) 2. Nacherleben (siehe 4.5.5) 3. Beobachtung von Auslösern des Wiedererlebens (siehe 4.6) 4. Aufrechterhaltende Verhaltensweisen aufgeben/ersetzen durch andere Strategien
Sitzung 4	*Hausaufgabenbesprechung* *Themen der Sitzung:* 1. Fortsetzung der kognitiven Umstrukturierung (siehe 4.8, Vorgehen hängt von Art der Interpretation ab, siehe 4.8.2 - 4.8.5; Verhaltensexperiment durchführen oder planen, siehe 4.8.2). 2. Evtl. Informationen geben, die für Umstrukturierung nützlich sind (4.4) 3. Auslöser des intrusiven Wiedererlebens: Diskrimination heute vs. damals (siehe 4.6) *Hausaufgaben:* 1. Das Leben zurückerobern (siehe 4.2.5) 2. Verhaltensexperiment zur Überprüfung der Interpretation (siehe 4.8.2) 3. Beobachten und Diskriminieren der Auslöser des Wiedererlebens (siehe 4.6)

Fortsetzung Tabelle 4

Sitzung 5	*Hausaufgabenbesprechung* *Thema der Sitzung:* Besuch des Ortes des Traumas (Siehe 4.7, Rekonstruktion der Geschehnisse, Überprüfung von Interpretationen, Diskrimination damals versus heute) *Hausaufgaben:* 1. Das Leben zurückerobern (siehe 4.2.5) 2. weitere in-vivo-Übung: Situationen, die an das Trauma erinnern (siehe 4.7) 3. Beobachten und Diskriminieren der Auslöser des Wiedererlebens (siehe 4.6)
Sitzung 6	*Hausaufgabenbesprechung* *Themen der Sitzung:* 1. Fortsetzung kognitive Umstrukturierung (siehe 4.8., Vorgehen hängt von Art der Interpretation ab, siehe 4.8.2 - 4.8.5; evtl. mit Imaginationstechniken, siehe 4.8.6) 2. Neue Sichtweise in das Nacherleben integrieren (siehe 4.5.6), evtl. mit Imaginationstechniken (siehe 4.8.6) 3. Weitere aufrechterhaltende Verhaltensweisen modifizieren (siehe 4.9) *Hausaufgaben:* 1. Das Leben zurückerobern (siehe 4.2.5) 2. Nacherleben mit veränderter Sichtweise (siehe 4.5.6) 3. Aufrechterhaltende Verhaltensweisen aufgeben/ersetzen (siehe 4.9)
Sitzung 7-11	*Hausaufgabenbesprechung* *Themen der Sitzung:* 1. Fortsetzung kognitive Umstrukturierung (siehe 4.8) 2. Neue Sichtweise jeweils in das Nacherleben integrieren (siehe 4.5.6), evtl. mit Imaginationstechniken (siehe 4.8.6) 3. Aufrechterhaltende Verhaltensweisen modifizieren (siehe 4.9) *Hausaufgaben:* 1. Das Leben zurückerobern (siehe 4.2.5) 2. Evtl. Nacherleben mit veränderter Sichtweise (siehe 4.5.6) 3. Aufrechterhaltende Verhaltensweisen aufgeben/ersetzen (siehe 4.9) 4. Weitere in-vivo-Übungen zur Diskrimination damals vs. heute (siehe 4.7) und als Verhaltensexperimente (siehe 4.8.2)
Sitzung 12 (oder früher, wenn Besserung)	Rückfallprophylaxe (siehe 4.10)
Sitzung 13-15 (monatlich)	1. Eventuell auftretende Schwierigkeiten besprechen 2. Weitere kognitive Umstrukturierung, wenn nötig (4.8) 3. Planung weiterer *in-vivo*-Übungen zur Diskrimination damals vs. heute (siehe 4.7) oder als Verhaltensexperimente (siehe 4.8.2) 4. Verbleibende aufrechterhaltende Verhaltensweisen modifizieren (siehe 4.9)

Einige Patienten sind nicht ohne besondere Vorbereitung dazu bereit, das imaginative Nacherleben durchzuführen, weil sie befürchten, dabei verrückt zu werden, die Kontrolle zu verlieren oder zum Beispiel einen Herzinfarkt zu bekommen. Hier müssen die befürchteten Konsequenzen zunächst genau besprochen und in ihrer Wahrscheinlichkeit eingeschätzt werden. Das imaginative Nacherleben wird in diesen Fällen als Verhaltensexperiment geplant (siehe 4.8.3).

Alle im Folgenden beschriebenen Therapieelemente werden eingesetzt, doch bestimmt die Art der Interpretationen und dominierenden Emotionen die relativen Schwerpunkte. Als Faustregel kann gelten, dass der wiederholte Einsatz von Expositionsverfahren (imaginatives Nacherleben, 4.5, *in-vivo*-Exposition, 4.7) vor allem bei Patienten zentral sind, deren Hauptproblem in der Übergeneralisierung von Gefahr liegt und die vorwiegend Angst berichten. Die Expositionsverfahren dienen hier der Elaboration des Trauma-Gedächtnisses *und* als Methoden zur Überprüfung von erwarteten Katastrophen.

Bei Personen, die meinen, das Trauma habe etwas Schlimmes über sie selbst zu Tage gebracht, und die hauptsächlich Scham oder Schuldgefühle berichten, liegt der Schwerpunkt in der kognitiven Arbeit (4.8). Das wiederholte imaginative Nacherleben des Traumas ist unserer Erfahrung nach in diesen Fällen nicht wirksam. Das Nacherleben sollte hier hauptsächlich der Elaboration des Gedächtnisses und der Identifikation der dysfunktionalen Interpretationen dienen, die dann mit kognitiven Interventionen (4.8) direkt bearbeitet werden. Ähnliches gilt für Personen, die hauptsächlich Ärger berichten.

4.4 Information und Problemlösen

Fehlinterpretationen durch Informationen korrigieren

Wie bei der Beschreibung der ersten Therapiesitzung erwähnt, sind Informationen zur Normalisierung der PTB-Symptome und damit zur Korrektur problematischer Interpretationen dieser Symptome wie „Ich werde verrückt" ein wesentlicher Bestandteil der Therapie. Informationen können ebenfalls sehr nützlich und hinreichend sein, andere problematische Interpretationen zu korrigieren, zum Beispiel Informationen zu Abläufen bei der Polizei oder im Krankenhaus oder zu Medikamenten oder zu den eigenen Reaktionen während des Traumas. So dachte ein Patient, sein Körper sei durch das Trauma irreversibel geschädigt worden und er würde bald sterben. Er hatte das daraus geschlossen, dass sein Urin nach dem Ereignis für mehrere Tage dunkelgelb gewesen war. Er war sehr erleichtert zu hören, das die Farbe des Urins durch ein Medikament verursacht wurde, das er erhalten hatte. Ein anderer Patient war sehr erbost darüber, dass sein Unfallgegner, der den Unfall verursacht hatte, zuerst von einem Krankenwagen abgeholt wurde und er trotz Schmerzen noch länger an der Unfallstelle verweilen musste. Er hielt dies für ein Zeichen, dass niemand ihn mochte und alle ihn schlechter behandelten, als er es verdiene. Die Diskussion darüber, dass die Krankenwagenfahrer die Priorität nicht nach Verschulden oder persönlicher Sympathie, sondern nach der Schwere der Verletzung setzten, war hilfreich. Ein weiterer Patient hielt sein Gefühl der Derealisation während des Traumas (er sah sich selbst wie von oben) für ein Zeichen, dass er verrückt werde. Die Information, dass dies eine übliche Reaktion bei extremer Belastung ist, fand er erleichternd.

Informationen zur Schlafhygiene

Ebenfalls nützlich sind Informationen bei der Modifikation von Verhaltensweisen, die die Symptomatik aufrechterhalten bzw. verschlechtern. Ein häufiges Beispiel sind Schlafstörungen. Viele Patienten versuchen, ihren Schlaf durch ungeeignete Maßnahmen zu verbessern (z. B. sehr spät/sehr früh ins Bett gehen; im Bett Fernsehen gucken, bis man einschläft; viel Alkohol vor dem Schlafengehen trinken, um besser einschlafen zu können; mit aller Gewalt versuchen, einzuschlafen). Informationen zu einer guten Schlafhygiene und zum Schlafrhythmus sind hier hilfreich.

Problemlösen

Schließlich können Schwierigkeiten des Patienten im Umgang mit der Familie, dem Arbeitgeber, Rechtsanwälten und Ärzten, die einer Besserung der PTB im Wege stehen, durch Problemlösestrategien bearbeitet werden. Viele Patienten berichten, durch das Trauma sei ihre Selbstsicherheit beeinträchtigt oder sie könnten sich nicht dazu aufraffen, um ihr Recht zu kämpfen. Problemlösen und Rollenspiele sowie direkte Interventionen des Therapeuten (z. B. mit dem Arzt, Arbeitgeber oder Rechtsanwalt sprechen und die Probleme des Patienten erklären) können hier hilfreich sein.

4.5 Imaginatives Nacherleben des Traumas (Imaginal exposure)

4.5.1 Übersicht und Rational

Der Patient wird wiederholt gebeten, das Trauma in der Vorstellung nachzuerleben. Dabei soll er das traumatische Erlebnis vor seinem inneren Auge in allen Einzelheiten, einschließlich seiner Gedanken und Gefühle, in der Reihenfolge der Ereignisse nachvollziehen (Foa & Rothbaum, 1998). Er soll das traumatische Ereignis so lebhaft wie möglich nacherleben, und dabei seine sensorischen Eindrücke, Gedanken und Gefühle in der „Ich-Form“ und im Präsenz beschreiben („reliving“). Dies wird in der Sitzung und zu Hause mehrfach wiederholt. Die Hausaufgaben bestehen üblicherweise darin, das in der Sitzung aufgenommene Tonband des therapeutischen Nacherlebens des Traumas täglich anzuhören.

Was soll mit dem Nacherleben erreicht werden? Traditionell geht man in der Verhaltenstherapie davon aus, dass wiederholte Exposition an einen angstauslösenden Reiz zur Habituation, also Abnahme der Angstreaktion, führt. Analog wird angenommen, dass die Erinnerung an das Trauma durch Habituation im Laufe des wiederholten Nacherleben immer weniger Angst und andere negative Emotionen auslösen wird. Entsprechend wird zum Beispiel im Therapieprogramm von Foa und Rothbaum (1998) das imaginative Nacherleben 9 – 12 Sitzungen lang für ca. eine Stunde durchgeführt (plus Hausaufgaben).

Neues Rational für das Nacherleben

Auf Basis des oben dargestellten Modells sehen wir (Ehlers & Clark, 1999) die Hauptfunktionen des imaginativen Nacherlebens in der *Elaboration des Trauma-Gedächtnisses* und in der *Identifikation der individuell verschiedenen negativen Interpretationen des Traumas.* Hierzu sind unserer Erfahrung nach im Durchschnitt nur ca. 3 Sitzungen des imaginativen Wiedererlebens notwendig. Dabei wird zunächst das ganze Ereignis nacherlebt. Je nach Länge des Traumas können pro Sitzung ca. 2 bis 3 Durchgänge des Nacherlebens durchgeführt werden (insgesamt ca. 1 Stunde). Die weiteren Durchgänge konzentrieren sich auf die schlimmsten Momente, die im Zeitlupentempo nacherlebt werden. Die individuelle Bedeutung der schlimmsten Momente während des Traumas wird durch kognitive Methoden direkt bearbeitet. Wenn eine Änderung erreicht ist, wird die neue Sichtweise in das Nacherleben integriert, wie im Folgenden genauer beschrieben.

4.5.2 Vorbereitung auf das Nacherleben

Patienten mit Posttraumatischer Belastungsstörung vermeiden es, an das Trauma, insbesondere an die schlimmsten Momente, zu denken oder darüber zu sprechen. Insofern ist eine gute Vorbereitung auf das therapeutische Nacherleben mit einer dem Patienten einleuchtenden Erklärung notwendig. Diese Erklärung beinhaltet, wie oben dargestellt, die Erläuterung der Besonderheiten des Traumagedächtnisses und deren Zusammenhang mit dem ungewollten Wiedererleben des Traumas.

Dem Patienten Kontrolle geben

Der Therapeut gibt zu verstehen (verbal und nonverbal), dass er weiß, wie schwierig diese Aufgabe ist und gibt dem Patienten anfänglich so viel Kontrolle wie möglich (z. B. genauer Beginn des Nacherlebens, Einschluss von Details, Augen geschlossen oder offen). Einige Patienten finden es am Anfang überwältigend, das gesamte Erlebnis nachzuerleben. Hier kann es notwendig sein, eine andere Form des Nacherlebens zu wählen (z. B. das Erlebnis aufschreiben und dann vorlesen) oder aber zunächst zwischen den einzelnen Abschnitten Pausen einzulegen.

Der Therapeut kündigt an, dass er während des Nacherlebens ein paar Mal fragen wird, wie belastend die Vorstellung für den Patienten ist. Eine Ratingskala von 0 (überhaupt nicht) bis 100 (extrem belastend) bietet sich an. Vor dem Nacherleben wird ein Belastungsrating (antizipatorische Angst) erhoben. Der Therapeut kündigt an, dass das Nacherleben im Laufe der Therapie weniger belastend werden wird, dass es aber wahrscheinlich ist, dass anfänglich die Belastung zunächst steigen wird. Dies liegt daran, dass zu Beginn der Behandlung immer mehr Einzelheiten mit den dazugehörigen Gefühlen hervorkommen werden, die alle integriert werden müssen, bevor mit dem Trauma abgeschlossen werden kann. Insofern bedeuten anfängliche starke Gefühle, dass der Patient gute Fortschritte bei der Bearbeitung des Traumas macht.

4.5.3 Grundregeln des imaginativen Nacherlebens des Traumas

Patient:
– Der Patient stellt sich vor seinem inneren Auge das traumatische Erlebnis in der Reihenfolge der Ereignisse in allen Einzelheiten vor und erlebt seine Reaktionen und Eindrücke nach (im Allgemeinen angefangen kurz vor dem Zeitpunkt, an dem der Patient merkte, dass etwas passieren würde, bis zu dem Zeitpunkt, an dem er sich wieder sicher fühlte); – dabei beschreibt der Patient in der Ich-Form und im Präsenz, was er erlebt; – der Patient soll nichts auslassen, einschließlich aller sensorischen Eindrücke, Gedanken und Gefühle – auch wenn diese im Nachhinein falsch, peinlich oder unsinnig erscheinen sollten; – möglichst mit geschlossenen Augen; – Gefühle kommen lassen, nicht unterdrücken; – der Patient hat Kontrolle über das Tempo; – der Patient soll Kontakt zum „Hier-und-Jetzt“ nicht verlieren.
Therapeut:
– Der Therapeut ist nonverbal zugewandt; – macht unterstützende Bemerkungen, z. B. „Das machen Sie sehr gut“, „Ja, gut so“, „Bleiben Sie bei dem Gefühl/bei diesem Bild“, „Ich weiß, es ist schwer“, „Hier sind Sie sicher“ (besonders bei den ersten Malen); – führt den Patienten ins Präsenz zurück, wenn dieser in der Vergangenheitsform spricht, z. B. „Er *schlägt* mich ins Gesicht“

- holt den Patienten ins Nacherleben zurück, wenn dieser verstummt, Augen aufmacht etc., z. B. „Was passiert jetzt?". Hier kann es helfen, sich den schwierigen Moment in Zeitlupe vorzustellen;
- stellt kurze Fragen zu sensorischen Eindrücken, Gefühlen und Gedanken an entscheidenden Stellen, im Präsenz „Was denken Sie", „Wie fühlt sich das an?", „Wie fühlen Sie sich?", „Was sehen, riechen, hören Sie?", „Was fühlen Sie in Ihrem Körper?" (insbesondere bei der Bearbeitung der schlimmsten Momente);
- lässt ab und zu einschätzen, wie belastend das Nacherleben ist.

4.5.4 Nachbesprechung des Nacherlebens

In der Nachbesprechung wird zunächst festgestellt, wie gut dem Patienten das Nacherleben gelungen ist. Zu diesem Zweck wird die Lebhaftigkeit der Vorstellung vom Patienten eingeschätzt (z. B. auf einer Skala von 0 bis 100). *Am Anfang sind hohe Ratings der Lebhaftigkeit (80 – 100) und der Belastung (80 – 100) erwünscht.* Die Ratings sind notwendig, da man den Patienten nicht notwendigerweise ansieht, wie intensiv sie das Trauma nacherleben. Bei manchen Patienten ist dies offensichtlich, sie zeigen die gleichen Gesten, körperlichen Reaktionen, weinen, rufen usw. wie während des Traumas. Andere jedoch wirken während des Nacherlebens wie völlig in sich gekehrt und erleben das Trauma trotzdem intensiv nach.

Im Laufe der Therapie reduziert sich die Belastung und teilweise auch die Lebhaftigkeit. Erst wenn eine deutliche Reduktion der Belastung erreicht ist, ist die Therapie erfolgreich. Belastungsratings von ca. 15 – 20 bei den schlimmsten Momenten können als Anhaltspunkt für eine erfolgreiche Modifikation gelten.

Zwei Probleme können auftreten:

Probleme beim Nacherleben

(1) Niedrige Ratings der Belastung durch die Vorstellung und der Lebhaftigkeit deuten darauf hin, dass der Patient versucht, seine Gefühle und Vorstellung zu kontrollieren. Falls dies der Fall ist, kommt der Therapeut auf das Rational des Nacherlebens zurück und bespricht die Zweifel des Patienten. Auch wird erhoben, ob Interpretationen wie zum Beispiel „Wenn ich meinen Gefühlen freien Lauf lasse, werde ich verrückt" oder „Mein Herz wird den Stress nicht aushalten" dem Nacherleben im Wege stehen. Diese werden mit kognitiven Methoden bearbeitet (4.8.3).

(2) Verlust des Kontaktes zum Hier-und-Jetzt: In einzelnen Fällen ist das Nacherleben so lebhaft, dass der Patient jeglichen Kontakt zum Hier-und-Jetzt verliert und zum Beispiel Depersonalisation wie beim Trauma erlebt. Dies ist *nicht* therapeutisch. In solchen Fällen muss der Bezug zur gegenwärtigen Realität gesteigert werden. Zum Beispiel kann der Patient die

Augen während des Nacherlebens offen lassen, er kann zunächst nur einen Teil des Traumas nacherleben oder das Trauma zunächst schriftlich beschreiben, er kann während des Wiedererlebens Objekte festhalten/anschauen etc., die sein gegenwärtiges Leben symbolisieren und positiv besetzt sind („grounding objects", z. B. einen Stein vom letzten Urlaub, ein Stofftier, ein Foto der Partnerin etc.) oder er kann versuchen, vor und während des Nacherlebens Geräusche, Bilder etc. in der therapeutischen Umgebung bewusst wahrzunehmen. Der Therapeut stellt in solchen Fällen während des Nacherlebens mehr Fragen und gibt mehr unterstützende Äußerungen ab, um den Kontakt nicht abreißen zu lassen. Einige Patienten erleben es als hilfreich, während des Nacherlebens ein von ihnen selbst besprochenes Tonband mit Selbstinstruktionen (z. B. „Es ist vorbei", „Du bist sicher", „Das ist schon lange her") anzuhören.

Bedeutung der „hot spots" explorieren

Als Nächstes wird der Prozess und der Inhalt des Nacherlebens näher besprochen. Wie hat der Patient es erlebt? War es so schlimm wie erwartet? Ist die erwartete Katastrophe eingetreten? Hat er neue Aspekte erinnert? Hat er Veränderungen gegenüber dem letzten Mal festgestellt? Wie fühlt er sich jetzt? Ist dem Patient etwas eingefallen, was seine ursprünglichen Eindrücke korrigiert? Der Patient wird ausführlich zu den belastendsten Momenten („hot spots") des Nacherlebens befragt, um deren individuelle Bedeutung zu erfassen (z. B. „Was hat das für Sie bedeutet?",„Was ging Ihnen dabei durch den Kopf?", „Was daran war besonders schlimm für Sie?"). Wie unter 3.2 dargestellt, gibt die vorherrschende Emotion (z. B. Furcht, Ärger, Scham, Schuldgefühl) Hinweise auf die Art der Interpretation. Diese wird dann mit kognitiven Therapiemethoden modifiziert (siehe 4.8). Hierbei ist zu beachten, dass sich solche schlimmsten Momente auch erst im Laufe des wiederholten Nacherlebens herauskristallisieren können, z. B. wenn sie mit Scham besetzt sind. Deswegen sollte wiederholt gefragt werden, welches die schlimmsten Momente waren. Im Allgemeinen bieten die beim ungewollten Wiedererleben auftretenden Bilder, Geräusche etc. einen Anhaltspunkt auf die schlimmsten Momente des Traumas.

4.5.5 Hausaufgabe zum Nacherleben

Der Patient wird gebeten, den Teil der Sitzung mit dem Nacherleben des Traumas einmal täglich anzuhören (am besten dreht man die Tonbandkassette zu Beginn des Nacherlebens um, so dass der Anfang leicht gefunden werden kann) und dabei das Erlebnis wie in der Sitzung nachzuerleben. Dies ist im Allgemeinen für 2 bis 3 Wochen notwendig. Wenn nach einer Woche täglichen Anhörens des Bandes keine Reduktion des Belastungsratings erzielt wurde, bietet es sich an, zunächst kognitive Verfahren einzusetzen (4.8) und dann die veränderten Interpretationen in das Nacherleben aufzunehmen. Es wird jeweils die neueste Version des Nacherlebens aus der letzten Sitzung verwendet.

Die äußeren Bedingungen für das Nacherleben zu Hause sollten gemeinsam geplant werden:

Äußere Bedingungen für die Hausaufgaben zum Nacherleben:
– Der Patient muß allein sein, wo er nicht gestört wird;
– Er führt während des Nacherlebens keine andere Tätigkeit aus (also nicht z. B. beim Autofahren oder beim Aufräumen);
– Er läßt sich nicht unterbrechen (z. B. Telefon);
– Er läßt sich nachher Zeit, um sich wieder auf den Alltag einzustellen. Wenn möglich, plant er eine angenehme Aktivität.

Ein Walkman mit Kopfhörer ist für die Hausaufgaben nützlich, wenn der Patient mit mehreren Leuten zusammenwohnt.

Der Patient führt ein Protokollblatt, in dem er Tag, Uhrzeit und Notizen einträgt, und jeweils einschätzt, wie unangenehm und lebhaft das Nacherleben war. Tabelle 5 zeigt ein Beispiel. Das Protokollblatt wird am Anfang

Tabelle 5:
Beispiel für ein Protokoll der Hausaufgabe zum therapeutischen Nacherleben

Tag/ Uhrzeit	Wie lange?	Vorher belastet (0-100)	Nacherleben belastet (0-100)	Nacherleben lebhaft (0-100)	Bemerkungen
5.5. 18.15	20 Min	60	100	90	Wie in der Sitzung, kann das Gesicht des Täters nicht sehen
6.5. 21.00	10 Min	40	100	40	Kann mich nicht konzentrieren, Sorge, dass ich meine Arbeit verliere
7.5.					Kann mich nicht aufraffen, fühle mich wegen der Arbeit schlecht genug.
8.5. 18.00	20 Min	60	100	100	Starkes Herzklopfen, erinnere jetzt Augen des Täters
9.5. 20.30	20 Min	70	90	100	Frage mich, wie ich es hätte verhindern können
10.5. 21.00	20 Min	50	80	90	Wird etwas leichter
11.5. 19.15	20 Min	50	75	90	Nicht mehr soviel Herzklopfen, wenn ich die Augen sehe

der nächsten Sitzung besprochen. Bei dem Beispiel könnte der Therapeut hervorheben, wie gut es war, dass der Patient trotz seiner anderen Sorgen weitergemacht hat. Der Abfall der Belastungsratings und das Erinnern von mehr Details wird als Fortschritt gedeutet. Die Sorgen wegen der Arbeit und die Frage zur Verhinderbarkeit des Traumas geben Anhaltspunkte für die kognitive Therapie.

4.5.6 Nacherleben mit neuer Sichtweise

Neue Interpretationen ins Nacherleben integrieren

Wenn der Patient durch kognitive Umstrukturierung (siehe 4.8), durch *in-vivo*-Exposition (siehe 4.7) oder zusätzliche Informationen, die ihm während des Nacherlebens eingefallen sind, seine ursprünglichen Eindrücke und Interpretationen korrigiert hat, so wird die veränderte Sichtweise in das Nacherleben integriert. Zum Beispiel war eine Patientin sehr ärgerlich auf das Rettungspersonal am Unfallort, weil sie nicht auf ihre Frage geantwortet hatten, ob sie nun querschnittsgelähmt sei. Durch das detaillierte Nacherleben der Vorgänge und das Nachdenken über die Perspektive des Rettungspersonals war ihr klar geworden, dass man sie nicht aufregen wollte. Diese Information wurde dann an die relevante Stelle beim Nacherleben eingebaut: „Sie versuchen mich aus dem Auto zu holen und ich frage ‚Bin ich querschnittsgelähmt?' Sie antworten nicht. Ich werde sehr wütend und denke, denen bin ich egal. Aber wahrscheinlich sagen sie nur nichts, um mich nicht wieder aufzuregen. Sie haben ja vorher eine halbe Stunde gebraucht, bis ich einigermaßen ruhig wurde". Imaginationsverfahren sind nützlich bei dieser Integration (siehe 4.8.6).

4.5.7 Andere Varianten des Nacherlebens

Manche Patienten sind anfänglich nicht bereit, das Trauma in Anwesenheit des Therapeuten nachzuerleben. In diesen Fällen sollte der Therapeut verständnisvoll reagieren, Flexibilität hinsichtlich der Durchführungsmodalitäten zeigen und Entscheidungen über die Wahl der Modalität dem Patienten überlassen. So kann der Therapeut anbieten, während des Nacherlebens zunächst das Zimmer zu verlassen. Eine andere bewährte Variante des Nacherlebens besteht darin, dass der Patient zu Hause im eigenen Tempo eine detaillierte Beschreibung des Erlebnisses aufschreibt (per Hand oder Computer, je nachdem, was einfacher erscheint). Patienten sollten darauf hingewiesen werden, dass es beim Schreiben nicht auf Stil oder Rechtschreibung ankommt, sondern darauf, das Erlebnis in der Reihenfolge der Ereignisse einschließlich der eigenen Gedanken und Gefühle festzuhalten. In der Sitzung bittet der Therapeut den Patienten, die Beschreibung des Traumas vorzulesen.

4.6 Identifikation und Diskrimination von Auslösern des intrusiven Wiedererlebens

Nach dem Modell von Ehlers und Clark (1999) reduziert die Elaboration des Trauma-Gedächtnisses unter anderem deswegen die Häufigkeit des intrusiven Wiedererlebens, weil eine bessere Diskrimination zwischen Reizen, die während des Traumas auftraten, und Reizen aus der gegenwärtigen Umwelt gefördert wird. Dieser Prozess kann durch direkte Interventionen zur Förderung der Diskrimination gesteigert werden. Zunächst werden die Patienten angeleitet, Auslöser für das intrusive Wiedererleben und für negative Emotionen, die mit dem Trauma verbunden sind, zu beobachten. Patienten müssen zunächst über die Art der Auslöser des intrusiven Wiedererlebens informiert werden. Patienten berichten meist, dass sie bestimmte Auslöser identifizieren können (z. B. Fernsehprogramme mit ähnlichem Thema, Ort des Traumas), dass aber die Intrusionen auch oft unerwartet kommen. Der Therapeut erläutert, dass die Auslöser nicht nur solche sind, die von ihrer Bedeutung her mit dem Trauma zusammenhängen, sondern gerade auch Reize, die den sensorischen Eindrücken ähneln, die kurz vor den Trauma oder währenddessen wahrgenommen wurden (z. B. Objekte, die im Raum waren, bestimmte Geräusche, Lichtverhältnisse, Körperhaltung etc.).

Art der Auslöser ist Patienten meist nicht bewusst

Beispiel: Identifikation von Auslösern des Wiedererlebens
Eine Patientin berichtete, dass sie beim Abwaschen plötzlich Bilder von ihrem Unfall vor sich sah und das Gefühl hatte, dass ihr Herz stehen blieb. Die Exploration ergab, dass sie sich kurz zuvor nach links umgedreht hatte, um das Geschirrtuch vom Haken zu nehmen. Während des Unfalls hatte sie sich auch nach links umgedreht, als ein anderes Fahrzeug von hinten auf sie aufprallte und seitlich an ihrem Auto entlangschlitterte. Diesen Zusammenhang hatte die Patientin bisher nicht erkannt. In der folgenden Woche beobachtete sie, was passierte, wenn sie sich nach links und nach rechts umdrehte. Die Intrusionen und körperlichen Reaktionen wurden nur durch Umdrehen nach links ausgelöst. Dadurch wurden die Intrusionen vorhersagbarer und weniger aversiv. Im Laufe der Zeit verschwanden sie, da die Patientin immer besser in der Lage war, das Umdrehen im „Hier-und-Jetzt" vom Umdrehen während des Unfalls zu diskriminieren.

Wenn der Patient Auslöser identifiziert hat, ist oft auch eine detaillierte Besprechung der Ähnlichkeiten und Unterschiede zwischen dem Kontext, in dem die Auslöser heute und beim Trauma auftreten, sinnvoll.

Beispiel: Diskrimination des Kontextes von Auslösern des Wiedererlebens

Eine Frau, die vergewaltigt worden war, fühlte sich beim sexuellem Zusammensein mit ihrem Mann sehr unwohl, obwohl sie sich dabei nicht direkt an die Vergewaltigung erinnerte. Therapeut und Patientin diskutierten detailliert, wie sich der Vergewaltiger und wie sich ihr Mann beim Sex verhielten. Es stellten sich eine Vielzahl von sensorischen Ähnlichkeiten heraus, zum Beispiel in der Art, wie beide Männer bestimmte Stellen ihres Körpers berührten, und darin, dass beide Ereignisse im Dunkeln stattfanden. Als nächstes wurden die Unterschiede besprochen, mit besonderer Betonung der Einstellung der Männer der Patientin gegenüber. So wurde sich die Patientin bewusst, dass die gleichen sensorischen Reize im verschiedenen Kontext eine völlig unterschiedliche Bedeutung hatten. Um die Diskrimination weiter zu fördern, wurde sie aufgefordert, beim nächsten sexuellen Zusammensein mit ihrem Mann bewusst auf Unterschiede zu achten, und einige Veränderungen in den äußeren Bedingungen herbeizuführen (z. B. Licht anlassen).

4.7 *In-vivo*-Exposition

In-vivo-Exposition (Konfrontation, exposure) mit Reizen, die an das Trauma erinnern, aber bisher vermieden wurden (z. B. Ort des Geschehens, ähnliche Situationen, Aktivitäten, Gefühle), ist eine wirkungsvolle Methode, um zu erreichen, dass der Patient das traumatische Erlebnis als Teil der Vergangenheit akzeptiert.

Diskrimination „damals versus heute" steigern

Wenn möglich (und sicher), sollten Therapeut und Patient den Ort des Geschehens gemeinsam aufsuchen. Hier diskutieren sie die Ähnlichkeiten und Unterschiede in Bezug darauf, wie alles beim traumatischen Erlebnis aussah und wie es jetzt aussieht. Dies hilft dabei, eine zeitliche Perspektive herzustellen und die Diskrimination zwischen gefährlichen Reizen und anderen Reizen, die zwar auch zur gleichen Zeit auftraten, aber harmlos sind, zu fördern. Der Besuch des Ortes des Geschehens ist weiterhin nützlich zur Modifikation problematischer Interpretationen zum Ablauf/zur Verantwortlichkeit für das Ereignis (z. B. ergibt die genaue Inspektion einer Unfallstelle oft die Schlussfolgerung, dass der Unfall nicht verhindert werden konnte).

Vorhersagen zur Gefährlichkeit von Situationen widerlegen

Übergeneralisierung von Gefahr (z. B. nie mehr ausgehen und Alkohol trinken, nachdem man nach einem Kneipenbesuch vergewaltigt wurde) kann dadurch modifiziert werden, dass *in-vivo*-Exposition als Verhaltensexperimente geplant werden. Dies wird unter 4.8.2 genauer erläutert. Das Ziel der Exposition ist hierbei die Widerlegung der Vorhersage, dass etwas Schreckliches eintreten wird, wenn die gefürchtete Situation aufgesucht wird (z. B. „Das Trauma wird sich wiederholen“, „Ich werde zusammenbrechen“).

Für die *in-vivo*-Exposition sollten nur solche Situationen ausgewählt werden, in denen *keine reale Gefahr* für den Patienten besteht, die über das übliche Risiko hinausgeht. Zum Beispiel sollten Patienten, die nach Verkehrsunfällen eine PTB entwickeln und nicht mehr Auto fahren, das Autofahren wieder aufnehmen. Hierbei muss das normale Unfallrisiko in Kauf genommen werden. Jedoch würde man einen Patienten, der nachts in einer gefährlichen Gegend ausgeraubt und zusammengeschlagen wurde, nicht dazu auffordern, sich wieder in diese Situation zu begeben.

Keine reale Gefährdung des Patienten bei *in-vivo*-Exposition

***In-vivo*-Exposition in der Behandlung der PTB**
– Diskrimination „Damals versus Heute“ steigern
– Übergeneralisierung von Gefahr abbauen
– Nur solche Situationen aufsuchen, in denen keine reale Gefahr besteht, die über das übliche Risiko hinausgeht!

4.8 Kognitive Umstrukturierung

4.8.1 Generelles Vorgehen

Die dysfunktionalen Interpretationen des Traumas und/oder seiner Konsequenzen werden mit den Methoden der kognitiven Therapie modifiziert. Therapeut und Patient arbeiten zusammen, um die Interpretationen/Überzeugungen des Patienten gemeinsam auf ihre Übereinstimmung mit der Realität hin zu überprüfen. Dabei lernt der Patient, seine Gedanken und Interpretationen zu identifizieren und zu hinterfragen, also nicht mehr automatisch als wahr zu betrachten.

Kognitive Therapie als geleitetes Entdecken, nicht als Belehrung!

Die Fragen und Erläuterungen des Therapeuten sollten es dem Patienten ermöglichen, seine problematischen Interpretationen des Traumas und dessen Konsequenzen „geleitet“ zu entdecken. Es ist wichtig, nicht den Eindruck zu vermitteln, der Patient habe bisher „falsch“ gedacht und gehandelt. Der Therapeut sollte deswegen eingangs deutlich Verständnis für die problematischen Interpretationen und die Reaktionen des Patienten zeigen (z. B. „Das kann ich gut nachvollziehen, das Ereignis kam so ganz aus heiterem Himmel, als sie so glücklich und voller Hoffnung für die Zukunft waren - und dann waren diese Pläne plötzlich zerstört, so dass sie nun denken: Es hat keinen Zweck, für die Zukunft zu planen.“; „Wenn ich glauben würde, die Gedanken an das Ereignis machen mich verrückt, dann würde ich auch versuchen, sie mit aller Gewalt loszuwerden.“). Weiterhin ist es wichtig, die problematischen Interpretationen nicht zu schnell zu hinterfragen, sondern zunächst die innere Logik des Denkens und Verhaltens des Patienten genau zu verstehen und zu reflektieren. Die kognitive Umstrukturierung ist also ein gradueller Prozess, der es dem Patienten im Verlauf einiger Sitzungen ermöglicht, seine Sichtweise durch Operationalisierung von Hypothesen, gezieltes Hinterfragen und Testen dieser Hypothesen zu verändern.

Zu den bei der Umstrukturierung verwendeten Methoden gehören: sokratischer Dialog; Sammeln und Hinterfragen der Belege für die Interpretation; Suche nach anderen möglichen Interpretationen; Kosten-Nutzen-Analyse für Überzeugungen und aufrechterhaltende Verhaltensweisen; Protokollieren und Modifizieren automatischer Gedanken; Verhaltensexperimente und Imaginationsverfahren. Die genaue Art der Intervention hängt von den individuellen Interpretationen des Patienten ab. Eine generelle Orientierungshilfe bietet das folgende Grundschema für die kognitive Umstrukturierung. Typische Fragen für den sokratischen Dialog sind ebenfalls aufgeführt.

Grundschema für kognitive Umstrukturierung der dysfunktionalen Interpretationen des Traumas und seiner Folgen

1. Dysfunktionale Interpretation konkret ausformulieren
2. Überzeugung einschätzen lassen (0–100 %)
3. Alle Belege sammeln, die für die Interpretation sprechen
4. Gültigkeit der Belege diskutieren, alternative Interpretationen entwickeln (evtl. nicht nur verbal, sondern auch mit Imaginationstechniken)
5. Überzeugung jeweils einschätzen lassen (0–100 %)
6. Wenn möglich, konkretes Experiment durchführen, um zu überprüfen, welche Interpretation stimmt
7. Überzeugung jeweils einschätzen lassen (0–100 %)

   Evtl. zurück zu Punkt 4, wenn Reduktion ungenügend

Fragen für den sokratischen Dialog

- Was führt Sie dazu, zu denken, dass ... (Interpretation)?
- Woran konnten Sie das feststellen?
- Welchen Grund haben Sie, das anzunehmen?
- Schließen Sie das aufgrund ihres Gefühls oder daraus, was wirklich passiert ist?
- Woher wissen Sie, dass das passieren wird?
- Ist die erwartete Katastrophe bisher eingetreten? Warum nicht?
- Was wäre, wenn das Schlimmste passieren würde? Was wäre so schlimm daran? Wie könnten Sie damit fertigwerden?

- Unterschätzen Sie, wie gut Sie damit fertigwerden könnten?
- Gibt es Gründe anzunehmen, dass ... nicht stimmt/nicht eintreten wird?
- Wie würde jemand anderes darüber denken?
- Gibt es eine andere Sichtweise/Erklärung?
- Gibt es Hinweise, dass die andere Sichtweise/Erklärung stimmen könnte?

Wenn der Patient mit Hilfe des Therapeuten schon einige typische Denkfehler identifiziert hat, so können auch die folgenden Fragen direkt gestellt werden. Im Allgemeinen ist die Entdeckung solcher Denkfehler aber eher das Resultat einer längeren Diskussion:

Identifikation von Denkfehlern

- Denken Sie hier nur an „Alles-oder-Nichts" oder „Schwarz-oder-Weiß"?
- Überschätzen Sie, wie wahrscheinlich das ist?
- Überschätzen Sie, wie verantwortlich Sie dafür sind, wie alles ausgegangen ist?
- Lassen Sie hierbei wichtige Aspekte aus/konzentrieren Sie sich hierbei nicht auf nebensächliche Aspekte?
- Setzen Sie sich hierbei unrealistische/unerreichbare Maßstäbe?

4.8.2 Übergeneralisierung von Gefahr

Vielen Patienten mit PTB erscheint die Wahrscheinlichkeit eines erneuten Traumas oder Unglückes seit dem Trauma erhöht. Hierzu tragen eine Reihe von typischen Denkfehlern bei, die gemeinsam entdeckt und besprochen werden.

Typische Denkfehler bei Übergeneralisierung von Gefahr

- Emotionale Schlussfolgerungen („Ich fühle mich ängstlich, deswegen muss es gefährlich sein").
- Beziehungen zwischen unabhängigen Ereignissen sehen („Wenn mir dies einmal passieren konnte, bedeutet es, dass es mir wieder passieren wird").
- Übergeneralisierung („Überall lauern Gefahren").
- Selektive Aufmerksamkeit auf andere Unglücke.

Ein genereller Punkt der Diskussion zwischen Patient und Therapeut ist, ob durch das traumatische Ereignis die generelle *Wahrscheinlichkeit* schlimmer Ereignisse gestiegen ist oder ob vielmehr die *Wahrnehmung* des Patienten verändert wurde.

Modifikation von Wahrscheinlichkeitsschätzungen

Viele Patienten können sich das Konzept von bedingten Wahrscheinlichkeiten nicht vorstellen. Hier ist es nützlich, konkret die Wahrscheinlichkeiten anhand der Angaben der Patienten durchzurechnen und graphisch darzustellen. Abbildung 3 zeigt das Beispiel eines Patienten, der ursprünglich annahm, die Wahrscheinlichkeit, an der Unfallstelle wieder einen Unfall zu haben, betrage 50 %. Zunächst wurde geschätzt, wieviele Autos pro Monat an der Stelle vorbeifahren. Der Patient gab Schätzungen ab, wieviele Autos pro Stunde an der Stelle vorbeifuhren, die nach Tageszeiten differenziert waren. Das Aufaddieren dieser Zahlen ergab 30.000 Autos pro Monat. Danach schätzte der Patient, wieviele Unfälle sich pro Monat ereignen (10 Unfälle, 2 Autos beteiligt). Daraus ergab sich eine Wahrscheinlichkeit für einen Unfall an der Stelle in Höhe von 0,00067 %. Da der Patient ca. 30-mal pro Monat an die Stelle kam (0,001 %), betrug die Wahrscheinlichkeit, dass er an der Stelle einen Unfall erlebte, nur 0,0000067 %.

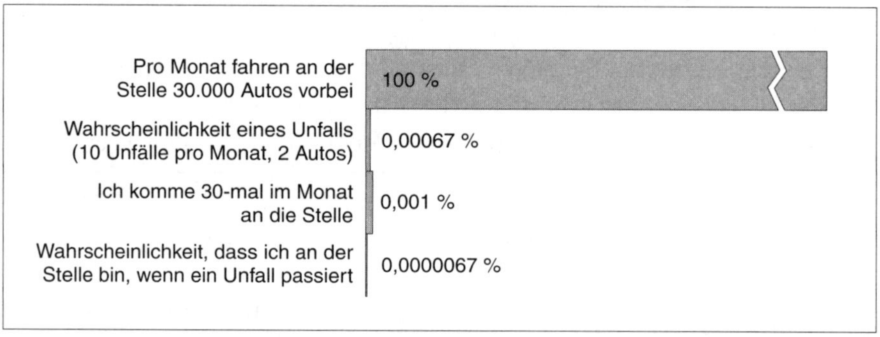

Abbildung 3:
Illustration der Wahrscheinlichkeit, an der Unfallstelle einen weiteren Unfall zu erleben

Alternative Vorhersagen im Verhaltensexperiment testen!

Diese Diskussion sollte in ein konkretes Verhaltensexperiment einmünden (Ein allgemeines Schema findet sich am Ende dieses Abschnitts). So sollte der Therapeut zum Beispiel fragen, ob die Berechnung allein den Patienten überzeuge. Meist ergibt dies die Antwort, dass der Patient zwar glaube, dass die Berechnung stimme, dass aber sein Gefühl ihm sage, die Gefahr sei höher. Zwei alternative Hypothesen werden vereinbart: Entweder habe das Gefühl recht und seit dem Unfall sei das Risiko des Patienten, an dieser Stelle einen Unfall zu haben, erhöht. In diesem Fall sollte er jedes x-te Mal an dieser Stelle einen Unfall haben. Oder aber sein Gefühl täusche und die Wahrscheinlichkeit für einen Unfall an dieser Stelle sei unverändert sehr klein. Es wird vereinbart, wie oft der Patient die Stelle passieren müsse, bis er die erste Hypothese verwerfen wird. Dabei darf er kein Sicherheitsverhalten durchführen, mit dem er üblicherweise versucht, einen Unfall zu verhindern (z. B. immer wieder abbremsen, ständig in den Rückspiegel schauen). Der Therapeut sollte anerkennen, dass die Durchführung des Experimentes für den Patienten schwierig und belastend ist und Mut erfordert; es sei jedoch der einzige Weg, um zu prüfen, welche der Hypothesen stimmt.

Nach der Durchführung des Experiments wird besprochen, ob ein Unfall eingetreten ist (nicht wie unangenehm die Übung war) und die Wahrscheinlichkeiten werden neu eingeschätzt. Eventuell wird das Experiment wiederholt, bis es zu einer deutlichen Reduktion der erwarteten Wahrscheinlichkeit eines Unfalls kommt.

Allgemeines Schema für Verhaltensexperimente zur Modifikation von Überzeugungen zum Auftreten von weiteren Katastrophen

- Situation definieren
- Konkrete katastrophisierende Vorhersage ableiten
- Einschätzen, wie wahrscheinlich es ist, dass Katastrophe eintritt
- Festlegen, wie festgestellt wird, ob Katastrophe eingetreten ist
- Verhalten des Patienten zur Überprüfung der Hypothese festlegen (Wichtig: Kein Sicherheitsverhalten!)
- Experiment durchführen
- Feststellen, ob Katastrophe eingetreten ist
- Neue Sichtweise entwickeln
- Einschätzen, wie wahrscheinlich es ist, dass Katastrophe eintritt
- Falls keine deutliche Veränderung eintritt, Sicherheitsverhalten explorieren und das Experiment noch einmal ohne Sicherheitsverhalten durchführen

4.8.3 Befürchtungen zum zerbrechlichen Selbst: Verrücktwerden, Kontrolle verlieren, Zusammenbrechen

Das Nacherleben als Verhaltensexperiment durchführen

Das intrusive Wiedererleben und die damit verbundenen starken emotionalen und körperlichen Reaktionen werden von vielen Patienten dahingehend interpretiert, dass sie in Gefahr sind, verrückt zu werden, die Kontrolle zu verlieren oder unter der Belastung körperlich oder psychisch zusammenzubrechen. Sie vermeiden, an das Trauma in seinen Einzelheiten zu denken, weil sie erwarten, dass dies die erwartete Katastrophe herbeiführen wird. In diesen Fällen wird das imaginative Nacherleben als Verhaltensexperiment zur Überprüfung dieser Hypothese durchgeführt. Zunächst muss die erwartete Katastrophe genau *konkretisiert und operationalisiert* werden, wie die beiden folgenden Beispiele illustrieren.

Beispiele zum Einsatz des imaginativen Nacherlebens als Verhaltensexperiment:

Beispiel 1: Ein Patient befürchtete, die Kontrolle zu verlieren, wenn er an das Trauma dachte. Der Therapeut fragte nach, wie sich das äußern würde. Der Patient befürchtete, seine Frau zu schlagen, denn er nahm an, dass unkontrollierbarer Ärger in ihm aufsteigen würde, den er an der nächstbesten Person auslassen würde. Als Verhaltensexperiment wurde Nacherleben des Traumas mit Hilfe eines in der Sitzung hergestellten Tonbandes in Gegenwart seiner Frau vereinbart.

Beispiel 2: Eine Patientin befürchtete, verrückt zu werden, wenn sie ihren Gefühlen freien Lauf lassen würde. Die weitere Exploration ergab, dass ihre Schwester an Schizophrenie litt, die nach Meinung der Patientin durch Stress ausgelöst worden war. Ihre eigenen starken emotionalen Reaktionen nach einer Vergewaltigung interpretierte sie dahingehend, dass sie nahe davor stand, wie ihre Schwester zu werden. Sie vermied jegliche Erinnerung an die Vergewaltigung. Als alternative Hypothese wurde erarbeitet, dass ihre Symptome eine normale Reaktion auf die Vergewaltigung darstellen. Der Therapeut gab einige Informationen zum Unterschied zwischen Psychosen und PTB. Um zu überprüfen, ob sie wie ihre Schwester werden würde, wenn sie starkem Stress ausgesetzt war, wurde vereinbart, dass Patientin und Therapeut gemeinsam in eine Autowaschanlage fuhren und dort das Trauma nacherlebten. Die Autowaschanlage wurde gewählt, weil sich die Patientin dort ähnlich gefangen fühlte wie während der Vergewaltigung, die auch in einem Auto stattgefunden hatte. Es wurde genau operationalisiert, woran die Patientin merken würde, dass sie wie ihre Schwester werden würde. Vor Durchführung des Verhaltensexperimentes war sie 100% überzeugt, dass dies eintreten würde. Während des Nacherlebens fühlte sie sich sehr ängstlich und hatte starke körperliche Reaktionen, doch traten keine der Anzeichen des „Verrücktseins" ein. Ihre Überzeugung, sie sei in Gefahr, wie ihre Schwester zu werden, änderte sich dramatisch.

Für Patienten, die meinen, ihr Körper habe durch das Trauma Schaden genommen, bietet es sich an, vor dem Nacherleben zunächst einige andere Verhaltensexperimente analog zur Behandlung des Paniksyndroms durchzuführen (z. B. Treppen auf- und ablaufen bei Angst vor Herzinfarkt; Hyperventilationstest; siehe Margraf & Schneider, 1989).

Falls das Nacherleben als Verhaltensexperiment zur Überprüfung der Vorhersage „Ich werde verrückt" o.Ä. durchgeführt wurde, konzentriert sich die Diskussion darauf, ob die erwartete Katastrophe eingetreten ist (nicht darauf, wie unangenehm das Experiment war!!). Es sollte sich eine deutliche Reduktion in der Überzeugung zeigen. Falls dies nicht der Fall ist oder die Überzeugung hoch bleibt, wird exploriert, ob der Patient etwas getan hat, um die Katastrophe zu verhindern, und es werden weitere Experimente geplant, bei denen der Patient diese Strategien nicht einsetzt.

4.8.4 Verantwortlichkeit für das Trauma/Schuld- und Schamgefühle

Viele Patienten haben Schuldgefühle, weil sie unfähig waren, das Trauma zu verhindern oder seinen Verlauf zu beeinflussen. Oder sie haben starke Schamgefühle, weil sie unter dem Druck der Situation oder des Täters etwas getan oder erlebt haben, was ihnen als völlig inakzeptabel erscheint. Viele interpretieren *im Nachhinein* einige Entscheidungen, die sie vor oder während des Traumas trafen, als falsch und fühlen sich daher für das traumatische Ereignis verantwortlich. Andere halten ihr eigenes Leid im Vergleich zu dem anderer (insbesondere Verstorbener) für minimal und fühlen sich schuldig, weil sie meinen, einen günstigeren Ausgang des Ereignisses nicht verdient zu haben, oder weil sie ihre eigene Reaktion (die PTB-Symptome) für nicht gerechtfertigt halten. Andere, die mitverantwortlich für das traumatische Ereignis waren, halten sich für die Hauptschuldigen. Typische Denkfehler, die gemeinsam entdeckt und besprochen werden, sind im folgenden Kasten zusammengefasst.

Interpretation im Nachhinein wichtig bei Schuld und Scham

Typische Denkfehler bei Schuld- und Schamgefühlen
– Interpretation der Situation im Nachhinein, unter Einschluss von Informationen, die vorher oder während des Ereignisses nicht verfügbar waren
– Übertriebene Wahrnehmung, für das Ereignis verantwortlich zu sein, selektive Auslassung anderer Aspekte, die das Trauma mitbedingten
– Übertriebenes Verantwortungsgefühl für Handlungen anderer
– Doppelstandards: Strengere Maßstäbe für das eigene Verhalten als für andere Menschen
– Überzeugung, das eigene Verhalten sei nicht gerechtfertigt gewesen, selektive Auslassung von Gründen, die dazu führten
– Übertriebene Bewertung des eigenen Verhaltens als falsch
– Emotionale Schlussfolgerung: „Ich fühle mich schuldig, also muss ich schuldig sein“

Während des imaginativen Nacherlebens des Traumas können teilweise bisher nicht berücksichtigte Aspekte des Vorganges erinnert werden, die direkt zu einer Umbewertung der Verantwortlichkeit und Reduktion der Schuldgefühle führen. Dies soll das folgende Beispiel illustrieren:

Beispiel für die Veränderung von Schuldgefühlen während des imaginativen Nacherlebens

Eine Patientin, die vergewaltigt worden war, erinnerte sich während des Nacherlebens daran, dass der Täter sie mit einem Messer bedroht hatte. Sie hatte sich zuvor schwere Vorwürfe gemacht, nicht viel Widerstand geleistet zu haben und die Anweisungen des Täters befolgt zu haben. Sie meinte, letztlich sei es ihre Schuld, dass es zur Vergewaltigung gekommen sei, da der Täter bei stärkerer Gegenwehr von ihr gelassen hätte. Nachdem sie sich an das Messer erinnert hatte, erschien ihr ihr eigenes Verhalten akzeptabel und die Schuldgefühle nahmen ab.

Auch ein Besuch des Ortes, an dem das Trauma stattfand, kann oft hilfreich zur Rekonstruktion des Geschehens sein. Viele Überlebende von Verkehrsunfällen meinen, sie hätten den Unfall verhindern können, wenn sie das andere Fahrzeug rechtzeitig gesehen und schnell genug reagiert hätten. Die genaue Betrachtung des Unfallorts ergibt in solchen Fällen im Allgemeinen, dass dies bei den gegebenen Geschwindigkeiten, Straßen- und Sichtverhältnissen nicht möglich war.

Meist jedoch ist eine direkte Diskussion der Verantwortlichkeit für das Ereignis bzw. dessen Ausgang und der Hinweise, die der Patient für seine Verantwortlichkeit hat, notwendig. Eine Reihe nützlicher Fragen sind im Folgenden aufgeführt. Ein Frageschema zur Demonstration, dass die Schuldgefühle auf dem Denkfehler der nachträglichen Interpretation der Ereignisse beruht, ist ebenfalls beschrieben.

Fragen bei Schuld- und Schamgefühlen

- Gibt es andere Erklärungen?
- Wer sonst war daran beteiligt?
- Wieviel Einfluss hatten Sie tatsächlich darauf, was passieren würde?
- Wie erschienen Ihnen die Dinge *damals, während des Traumas?*
- Was war *damals, während des Traumas,* Ihr Grund, sich so zu verhalten?
- Wie hätten Sie wissen können, was passieren würde?
- Wieviel Zeit hatten Sie, genau zu überlegen und zu entscheiden, wie Sie sich am besten verhalten sollten?
- In welchem seelischen und körperlichen Zustand befanden Sie sich *damals, während des Traumas*?

- Was haben Sie getan, was hilfreich war/den Ausgang positiv beeinflusste?
- Wenn dies jemand anderem passiert wäre, was hätten Sie mehr von ihm erwartet? Wie würden Sie sein Verhalten erklären?
- Abgesehen von Ihren Gefühlen, was sollte man noch berücksichtigen, wenn man beurteilt, wie Sie sich verhalten haben?

Zusätzliche Fragen für Opfer von Gewalttaten

- Wieviel Einfluss hatten Sie auf das Verhalten des Täters?
- Was hätte der Täter gemacht, wenn Sie ... getan/nicht getan hätten?
- War das Verhalten des Täters wegen Ihres Verhaltens/Ihrer Reaktion weniger Unrecht?
- Hat Ihre Reaktion den Ausgang der Situation eventuell zum Guten beeinflusst?
- Welches Ziel hat der Täter mit seinen demütigenden Äußerungen verfolgt?
- War der Täter ein besonders guter Menschenkenner? Hätten Sie seinem Urteil über andere Menschen getraut?

Fragen zur Demonstration des Denkfehlers der nachträglichen Interpretation

- Wann haben Sie erfahren, was passieren würde?
- Hätte es irgendeine Möglichkeit gegeben vorauszusehen, was passieren würde?
- Was hätten Sie getan, wenn Sie gewusst hätten, was passieren würde?
- Was war der Hauptgrund, weswegen Sie sich so und nicht anders verhalten haben?

Daraus ergibt sich als Antwort: „Weil ich nicht wissen konnte, was passieren würde“.

Tortendiagramme bei Schuld- und Schamgefühlen

Eine weitere nützliche Methode bei Schuld- und Schamgefühlen sind *Tortendiagramme.* Der Patient wird zunächst gebeten einzuschätzen, wie groß sein Anteil daran war, dass es zu dem Ereignis/zu dem schlimmen Ausgang des Ereignisses kam (in %). Hier werden im Allgemeinen hohe Zahlen zwischen 50 und 100 % genannt. Dann wird der Patient aufgefordert, andere beteiligte Ursachen zu nennen und auch den Anteil dieser Ursachen prozentual einzuschätzen. Hier kommt man dann schnell auf über 100 %. Das Tortendiagramm wird entsprechend verändert. Abbildung 4 zeigt als Beispiel die Diagramme eines Müllwagenfahrers, der einen jungen Mann überfuhr, nachdem dieser sich in offensichtlicher Selbsttötungsabsicht vor den Müllwagen geworfen hatte.

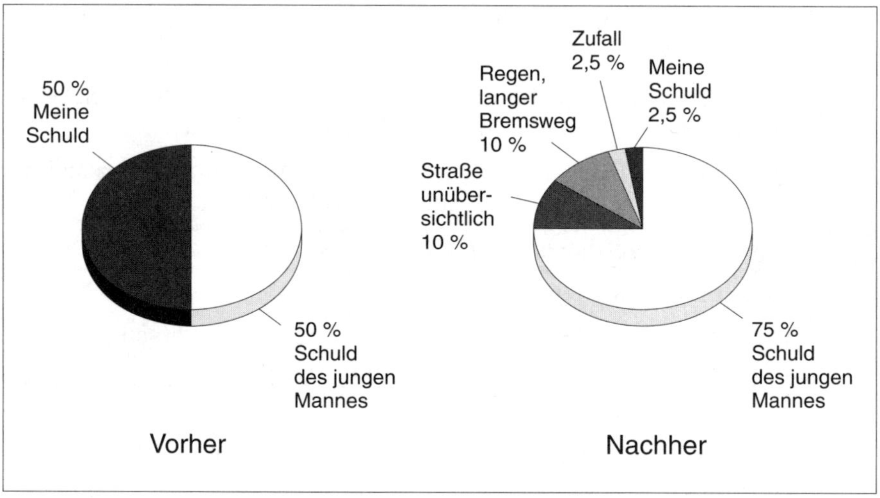

Abbildung 4:
Tortendiagramm zur Illustration der Ursachen, die dazu führten, dass ein Patient einen jungen Mann überfuhr

Weiterhin ist es bei der Diskussion der Tortendiagramme sinnvoll zu fragen „Wie wäre es, wenn Ihrem Sohn (Ihrer Frau, einem Freund...) dieses Ereignis zugestoßen wäre, wenn alle Umstände gleich gewesen wären, was meinen Sie, wie groß wäre von allen Ursachen der Anteil Ihres Sohnes gewesen?". Wenn deutlich andere Prozenteinschätzungen für andere Personen abgegeben werden, deutet dies auf doppelte Maßstäbe hin, die dann ihrerseits diskutiert werden (z. B. „Was ist das Besondere an Ihnen? Warum sollten Sie weniger Fehler machen als andere Menschen?").

Die Belege, die ein Patient für seine Verantwortlichkeit hat, werden ausführlich diskutiert, um eine neue Perspektive zu erreichen, wie das folgende Beispiel zeigt:

Beispiel für die kognitive Umstrukturierung bei Schuldgefühlen

Ein Patient interpretierte sein Verhalten vor einem Autounfall, bei dem seine Mutter starb, als „Ich habe meine Mutter umgebracht". Davon war er zu 100 % überzeugt. Als Beleg dafür gab er an „Ich habe sie dazu gezwungen, das Auto zu fahren, obwohl sie das nicht wollte und nicht mehr richtig konnte". Die Mutter war auf sein Anregen hin nach langer Zeit zum ersten Mal wieder gefahren, als der Vater im Krankenhaus war. Therapeut und Patient diskutieren detailliert, was der Patient gesagt hatte und wie sich die Mutter verhalten hatte. Hatte der Patient die Mutter mit Gewalt oder unter Drohungen etc. zum Autofahren gebracht? Es stellte sich heraus, dass der Patient um die Unabhängigkeit seiner Mutter aufgrund der schweren Erkrankung des Vaters besorgt war (die Mutter wohnte in einem kleinen Dorf und war dort von sozialen Kontakten und Einkaufsmöglichkeiten ohne Transport abgeschnitten) und sie sanft überzeugt hatte, das Autofahren wieder aufzunehmen. Er war mit ihr zu einer ruhigen Straße gefahren und sie hatte sich freiwillig, ohne Widerstand oder große Sorgen, auf den Fahrersitz gesetzt und war gut gefahren, bis der Unfall passierte. Nach Betrachtung dieser Aspekte sank die Überzeugung, seine Mutter umgebracht zu haben, auf 50 %. Die weitere Diskussion drehte sich um die nachträgliche Interpretation der Situation und die anderen Unfallursachen (Fehler der Mutter, Zufall, an einem bestimmten Ort zu einer bestimmten Zeit zu sein, Geschwindigkeit des anderen Fahrzeuges etc.). Danach sank seine Überzeugung, seine Mutter umgebracht zu haben, weiter, und er schätzte seinen Anteil an der Verursachung des Unfalls schließlich auf 5 % ein.

Opfer von Gewalttaten schämen sich teilweise dafür, dass sie mit dem Täter kooperierten bzw. wenig Widerstand leisteten (siehe auch das obige Beispiel). Hier kann es nützlich sein, im Gespräch genau durchzugehen, welche Anhaltspunkte es dafür gab, dass der Täter bei Widerstand von dem Patienten abgelassen und seine Drohungen nicht wahr gemacht hätte. Auch werden Anhaltspunkte dafür gesucht, dass das Verhalten des Patienten den Ausgang der Gewalttat günstig beeinflusste. Der letztere Punkt ist auch bei Vergewaltigungsopfern von Bedeutung, die sich schämen, weil sie gegen ihren Willen sexuell erregt wurden. Hier gilt es zunächst, diese Reaktion als Reflex des Körpers auf die Stimulation zu normalisieren. Die Diskussion der Reaktion des Täters auf die sexuelle Erregung der Patientin kann so zu der Erkenntnis führen, dass diese eventuell dazu beitrug, dass der Täter schließlich von der Patientin abließ und sie nicht noch zusätzlich körperlich verletzte oder sogar tötete. Patienten, die von einem Partner oder einer nahestehenden Person vergewaltigt, missbraucht oder körperlich misshandelt wurden, halten sich teilweise für mitschuldig und schämen sich, weil sie dem Täter gegenüber auch positive Gefühle hatten und sich nach seiner Zuwendung sehnten. Hier gilt es zu erarbeiten, dass die traumatisierenden sexuellen Handlungen nicht erwünscht und deswegen Unrecht waren. Auch tragen demütigende und manipulative Äußerungen des Täters zu Scham- und Schuldgefühlen bei (z. B. „Du hast das verdient", „Du bist eine Hure", „Du bist eklig", „Alle Männer verachten dich"). Es gelingt den Opfern während des traumatischen Erlebnisses nicht zu erkennen, dass diese Äußerungen Anzeichen der Pathologie des Täters sind und dass sie gezielt zur Demütigung des Opfers eingesetzt wurden und nicht der Wahrheit entsprechen. Diese Differenzierung muss im therapeutischen Gespräch sozusagen nachgeholt werden.

Verhalten des Täters ist Unrecht, unabhängig von Gefühlen und Reaktionen des Opfers

Bei Personen, die einen *großen Teil der Schuld* an dem Ereignis tragen, muss das Vorgehen entsprechend abgewandelt werden. Auch hier sind Tortendiagramme nützlich, um Faktoren, die zu dem Ereignis und dem eigenen Verhalten beitrugen, stärker ins Bewusstsein zu rücken (z. B. Müdigkeit, starke Belastungen, Arbeitsbedingungen, Anordnungen von Vorgesetzten, Verhalten anderer Personen, äußere Umstände, Zufall). Weiterhin liegt ein Schwerpunkt der kognitiven Arbeit darauf, mögliche Übergeneralisierungen (z. B. „Ich habe es nicht verdient, weiterzuleben", „Ich werde nie wieder ein akzeptabler Mensch sein") oder Erwartungen über soziale Konsequenzen (z. B. „Andere sehen mir an, dass ich etwas Schreckliches getan habe") umzustrukturieren.

4.8.5 Übermäßige Beschäftigung mit Ungerechtigkeit/ Ärger

Bei manchen Patienten mit PTB steht im Vordergrund der Symptomatik starker Ärger darüber, dass ihnen von anderen Leid angetan wurde oder dass sie im Vergleich zu anderen am traumatischen Erlebnis Beteiligten schwerwiegendere Folgen zu verkraften haben. Sie grübeln ständig über die Ungerechtigkeit oder über Rachepläne nach, und können das Ereignis und seine Folgen nicht akzeptieren. Eine Übersicht über die Behandlungsschritte findet sich im folgenden Kasten. Die einzelnen Schritte werden dann im Folgenden näher erläutert.

Vorgehen bei Ärger
– Empathie!!
– Explorieren: Worüber bin ich ärgerlich?
– Falls Ärger über aktuelle Frustration: Problemlösen, Bewältigungsstrategien suchen
– Falls Ärger über Verursacher des Traumas: Kognitive Umstrukturierung („Wem schadet der Ärger?")
– Wenn nötig, Maßnahmen zur Ärgerkontrolle

- *Empathie.* Es ist bei Patienten mit starkem Ärger zunächst besonders wichtig, *empathisch* zu reagieren. Es ist entscheidend, dass der Patient wahrnimmt, dass der Therapeut auf seiner Seite ist, ansonsten ist eine erfolgreiche kognitive Umstrukturierung nicht möglich.

- *Worüber bin ich ärgerlich?* Zunächst sollte genau erhoben werden, worüber oder worauf der Patient ärgerlich ist. Hier gibt es zwei Möglichkeiten. Teilweise (seltener) resultiert der Ärger eher aus aktueller Frustration als aus dem Trauma selbst, zum Beispiel in Zusammenhang mit den körperlichen Folgeerscheinungen des Traumas. In diesem Fall ist es das Ziel, Wege zu finden, wie der Patient besser mit der Ursache der Frustration zurechtkommt. Problemlösen und die Vermittlung von Bewältigungsstrategien können hier nützlich sein.

Meist steht jedoch Ärger auf den Verursacher des Traumas oder andere Menschen im Mittelpunkt. In diesem Fall muss eine kognitive Umstrukturierung erzielt werden.

- *Kognitive Umstrukturierung.* Teilweise kommt es zu spontanen Umstrukturierungen im Rahmen des imaginativen Nacherlebens, wenn Patienten Dinge erinnern, die sie bisher vergessen hatten oder wenn sie die Perspektive der anderen Person spontan einnehmen. Dies kommt jedoch relativ selten vor, und direkte Interventionen zur Umstrukturierung sind deswegen notwendig.

Grübeln und Rachepläne schaden dem Patienten

Die Diskussion zwischen Therapeut und Patient sollte auf die Erkenntnis abzielen, dass das übermäßige Grübeln über die Ungerechtigkeit oder Rachepläne in erster Linie nicht dem Verursacher, sondern dem Patienten selbst schaden. Weiterhin wird überlegt, welche Folgen die Umsetzung der Rachepläne für den Patienten haben würden.

Das genaue Vorgehen bei Ärger auf den Verursacher des Traumas oder andere Menschen hängt davon ab, ob dem Patienten absichtlich oder grob fahrlässig Leid zugefügt wurde. Falls dies nicht der Fall war, zielt die kognitive Umstrukturierung darauf ab, die folgenden Aspekte in der Interpretation des Traumas stärker zu berücksichtigen:

Kognitive Umstrukturierung bei Ärger nach Unfällen (ohne grobe Fahrlässigkeit)

- Wahrnehmung der Perspektive des anderen Menschen: Die andere Person hat einen Fehler gemacht, es war keine *Absicht* (nützliche Fragen „Warum, meinen Sie, hat X das gemacht?“, „Wie, meinen Sie, hat X sich gefühlt, als das passiert ist?“);
- Es ist menschlich, Fehler zu machen, niemand macht *immer* alles richtig („Ich habe auch schon Fehler gemacht“, „Ich bin auch manchmal unkonzentriert“);
- Der Zufall spielte eine große Rolle dabei, dass es zu dem Ereignis kam („Ich war am falschen Ort zur falschen Zeit“).
- Es gibt keine absolute Gerechtigkeit, manchmal trifft Unglück auch die „Guten“ („Diesmal hatte ich Pech, obwohl ich alles richtig gemacht habe, ein anderes Mal könnte es umgekehrt sein“).

Falls *grobe Fahrlässigkeit* des anderen Menschen eine Rolle spielte, liegt der Schwerpunkt der Umstrukturierung dabei zu erkennen, dass Rachepläne nicht dazu führen werden, dass der andere sein Verhalten ändert und dass die Ausführung der Rachepläne letztlich dem Patienten schaden würde. Auch liegen teilweise Verzerrungen hinsichtlich des Ausmaßes der Fahrlässigkeit vor, die vorsichtig in Frage gestellt werden können. Tortendiagramme können ebenfalls nützlich sein. Schließlich suchen

Therapeut und Patient nach alternativen Handlungen, die eine größere Aussicht auf Erfolg in der Verhinderung weiteren fahrlässigen Verhaltens haben würden. Dies wird am folgenden Beispiel illustriert.

Beispiel für kognitive Umstrukturierung bei Ärger nach Unfall mit grober Fahrlässigkeit

Ein Patient wurde bei einem Unfall schwer verletzt, als ein Geschäftsmann eine rote Ampel übersah, weil er ein langes Telefongespräch mit seinem Handy führte. Der Patient hatte sich ausgemalt, dass der Geschäftsmann ein Gespräch mit seiner Geliebten geführt hatte und deswegen die Ampel übersehen hatte. Er fand es besonders schlimm, dass ihm durch das (vermeintliche) unmoralische Vergnügen des Geschäftsmannes Leid zugefügt worden war. Er schmiedete ausgeklügelte Pläne, wie er dem Geschäftmann sein Auto und sein Geschäft ruinieren könnte. Die kognitive Umstrukturierung konzentrierte sich zunächst darauf herauszuarbeiten, was passieren würde, wenn der Patient diese Pläne in die Tat umsetzen würde. Die Schlussfolgerung war, dass der Patient letztlich seine Lage im Vergleich zu der des Geschäftsmanns weiter verschlechtern würde, da er nicht nur seine körperliche Gesundheit, sondern auch seine gesellschaftliche Stellung verlieren würde. So würde die Ungerechtigkeit noch größer. Als alternativer Plan zur Verhinderung weiteren fahrlässigen Verhaltens des Geschäftsmannes wurde ausgearbeitet, dass sich der Patient mit seiner Geschichte an die Presse wendete und an einer Initiative mitarbeitete, die zum Ziel hatte, das Telefonieren mit Handys beim Autofahren stärker zu verfolgen und zu bestrafen. Schließlich wurden seine Indizien für den Inhalt des Telefongespräches besprochen. Da im Auto des Geschäftsmannes Geschäftspapiere ausgebreitet gewesen waren, wurde als alternative Hypothese angenommen, es habe sich möglicherweise um ein schwieriges geschäftliches Gespräch gehandelt. Dies erschien dem Patienten akzeptabler als das vermeintliche Gespräch mit der Geliebten.

Bei Patienten, die Opfer einer *Gewalttat* waren, wird es von vielen Therapeuten als wünschenswert angesehen, Ärger zu empfinden und auszudrücken. Hier ist Vorsicht geboten. Einerseits ist das Erleben von Ärger und der damit verbundene Wunsch, dem Täter möge es ebenso schlecht wie einem selbst gehen, sicherlich ein wichtiger Schritt bei Patienten, die sich selbst für die Tat oder ihren Ausgang verantwortlich fühlen oder starke Scham empfinden. Das Erkennen, dass der Täter der Verantwortliche war und der damit verbundene Ärger ist hier ein Zeichen einer erfolgreichen Umstrukturierung. Doch sollte die Therapie hier nicht stehen bleiben, denn auch der Ärger und die damit verbundenen Kognitionen müssen zum Teil der *Vergangenheit* werden. Eine übermäßige Beschäftigung mit ärgerauslösenden Kognitionen und Racheplänen ist auch für Opfer von Gewalttaten destruktiv, da sie verhindern,

Ärger muss Teil der Vergangenheit werden

dass der Patient mit dem Trauma abschließt. Das Vorgehen bei der Umstrukturierung entspricht demjenigen bei Unfällen mit grober Fahrlässigkeit. Auch hier werden alternative Möglichkeiten gesucht, den Ärger auszudrücken. So kann es sinnvoll sein, den Patienten bei der Strafverfolgung des Täters zu unterstützen. Viele Betroffene empfinden es als hilfreich, einen Brief an den Täter zu schreiben (der im Allgemeinen nicht abgeschickt wird), in dem sie ausdrücken, was er ihnen angetan hat. Der bewusste Entschluss, mit diesem Brief das Thema abzuschließen und dem Täter nicht länger Kontrolle über das eigenen Leben zu erlauben, kann ebenfalls hilfreich sein.

Falls es irgendwelche Anhaltspunkte dafür gibt, dass der Täter seine Tat bereut, kann es sinnvoll sein, dass sich der Patient vergegenwärtigt, wie sich der Täter fühlen muss. Wenn der Täter dazu bereit ist, sich beim Patienten zu entschuldigen, kann dies sehr hilfreich sein. Je nach Weltbild/religiösem Hintergrund kann es möglich sein, dass sich der Patient bewusst dazu entschließt, dem Täter zu vergeben.

Falls die Gewalttat von einer Person ausgeführt wurde, zu der eine Beziehung bestand, kann es hilfreich sein, die Geschichte der Beziehung chronologisch aufzuschreiben. Dies hilft, sowohl die Trauer über das Ende der vertrauensvollen Beziehung, als auch Ärger und Unverständnis über die Tat zu verarbeiten. Ein Patient, der von seiner Frau mit einem Messer schwer verletzt wurde, konnte auf diese Weise die ersten Anhaltspunkte ihrer psychischen Erkrankung rekonstruieren und erlebte danach die Tat weniger als gegen ihn persönlich gerichtet.

Ärgerkontrolle durch Bewältigungsverhalten und Selbstinstruktionen

- *Ärgerkontrolle.* Ein Teil der Patienten mit PTB hat in der Vergangenheit oder seit dem Trauma Hinweise auf mangelnde Ärgerkontrolle gezeigt (z. B. gewalttätige Handlungen). In diesen Fällen werden konkrete Maßnahmen zur Ärgerkontrolle eingeleitet. Es ist nützlich, von drei Zonen hinsichtlich des Ausmaßes des Ärgers zu sprechen: Befindet sich der Patient in der gelben Zone, kann er klar denken und ist relativ ruhig. In der orangen Zone ist er ärgerlich, aber er kann noch relativ klar denken und den Ärger noch kontrollieren. In der roten Zone jedoch denkt er nicht mehr klar und sieht nur noch „rot". Dann tut er Dinge, die ihn in Schwierigkeiten bringen und die er später bereut. So ist es wichtig, die orange Zone rechtzeitig zu erkennen und geeignete Maßnahmen einzuleiten, damit er nicht in die rote Zone kommt. Geeignete Maßnahmen werden individuell festgelegt, zum Beispiel: Sich aus der Situation entfernen, sich körperlich betätigen, um Energie loszuwerden, oder ruhig atmen. Dies kann durch Entspannungstraining unterstützt werden. Sogenannte „Flashcards" mit Selbstinstruktionen (z. B. „Ich bleibe ruhig", „Der Ärger schadet nur mir selbst"), die der Patient bei sich führt und durchliest, wenn er in die orange Zone kommt, sind ebenfalls nützlich.

4.8.6 Imaginationstechniken

Viele der Aspekte des Trauma-Gedächtnisses sind in Form von Bildern und anderen sensorischen Eindrücken gespeichert. Insofern sind Imaginationstechniken nützlich, um die Inhalte der Erinnerung zu verändern. Sie ergänzen die verbalen Techniken der kognitiven Umstrukturierung bei der Modifikation von problematischen Interpretationen des Ereignisses. Dies wird im Folgenden an Beispielen erläutert.

Imaginationstechniken zur Änderung des Trauma-Gedächtnisses

- *Elaboration des Trauma-Gedächtnisses.* Imaginationstechniken können nützlich sein, um die Erinnerung an das traumatische Erlebnis zu elaborieren und Lücken in der Erinnerung zu füllen.

Beispiel für den Einsatz von Imaginationstechniken bei der Elaboration des Trauma-Gedächtnisses

Eine Frau, deren kleines Kind bei einem Hausbrand gestorben war, während sie selbst außer Haus war, sah immer wieder die brennenden Vorhänge vor sich, wie sie sie gesehen hatte, als sie auf das Haus zuging. Sie hatte damals gedacht, das Kind verbrenne bei lebendigem Leibe unter unsäglichen Qualen. Tatsächlich befand sich das Kind zu diesem Zeitpunkt jedoch im Schlafzimmer der Mutter im oberen Stockwerk und war dort an Rauchvergiftung gestorben. Dies war für die Patientin tröstlich, da der Körper des toten Kindes unversehrt und friedlich aussah und ihr der Tod weniger qualvoll erschien. Dennoch konnte sie das Bild der brennenden Vorhänge nicht mit dem Anblick des toten Kindes im Schlafzimmer verbinden und sah immer wieder die brennenden Vorhänge vor sich, verbunden mit dem Gefühl, das Kind leide unsägliche Qualen. Therapeut und Patientin einigten sich darauf, sich vorzustellen, was das Kind bewegt haben könnte, ins Schlafzimmer zu gehen. Ein wahrscheinlicher Grund war, dass das Kind sich dort Schokolade aus den Schubladen der Mutter geholt hatte. Therapeut und Patientin erstellten ein Skript, nach dem die Patientin sich vorstellte, wie das Kind in das Schlafzimmer gegangen war, dort Schokolade gegessen hatte und dass es durch die giftigen Gase müde geworden und eingeschlafen war. Dies war sehr erleichternd für die Patientin und die intrusiven Bilder der Vorhänge verschwanden.

- *Das Trauma zu Ende führen.* Weiterhin sind Imaginationstechniken hilfreich, um dem traumatischen Erlebnis ein Ende zu geben. Ein häufiges Beispiel hierfür sind Traumata, bei denen jemand gestorben ist. Das Wiedererleben des Bildes der gestorbenen Person im „Hier-und-Jetzt“ bedingt, dass es Patienten häufig so erleben, als sei die gestorbene Person *jetzt* noch an der Stelle, an der ihr Tod eintrat. Dies erschwert es, mit dem Tod abzuschließen, und trägt zu negativen Interpretationen des Traumas bei.

Beispiel für den Einsatz von Imaginationstechniken, um das Trauma zu Ende zu führen

Ein Feuerwehrmann, dessen Kollege bei einer Explosion in einem schäbigen Lagerhaus ums Leben gekommen war, erlebte es als entsetzliche Verschwendung eines wertvollen Menschen, in einer so schrecklichen Umgebung gestorben zu sein. Ihm war, als sei sein Kollege (genauer: seine Seele) immer noch im Lagerhaus. Therapeut und Patient diskutierten, wo die Seele des Kollegen sich wohl fühlen würde. Da der Gestorbene ein passonierter Angler war, beschlossen sie, in der Vorstellung den Gestorbenen aus dem Lagerhaus abzuholen und zu dem Fluss zu bringen, an dem er gern geangelt hatte. Dies empfand der Patient als sehr hilfreich. Bei religiösen Menschen können Vorstellungen vom Leben des Verstorbenen nach dem Tod, Himmel etc. entsprechend hilfreich sein.

- *Integration veränderter Interpretationen ins Trauma-Gedächtnis.* Imaginationstechniken können ebenfalls dabei nützlich sein, um eine veränderte Interpretation des Traumas in die Erinnerung zu integrieren.

Beispiel für den Einsatz von Imaginationstechniken bei der Integration veränderter Interpretationen ins Trauma-Gedächtnis

Ein Patient, dessen Vater sich das Leben genommen hatte, fühlte sich verantwortlich dafür, dass er den Vater nicht rechtzeitig gefunden und gerettet hatte. Sein Verantwortungsgefühl resultierte daher, dass er den an ihn adressierten Abschiedsbrief so interpretiert hatte, dass der Vater Tabletten einnehmen würde, so dass der Tod bei rechtzeitiger Entdeckung noch hätte verhindert werden können. Der Patient war in Panik durch die Wohnung gelaufen, um den Vater zu finden, und hatte ihn zunächst nicht finden können. Tatsächlich aber hatte sich der Vater erschossen und war zu diesem Zeitpunkt längst tot. Therapeut und Patient diskutierten die genauen Umstände des Tages und kamen zu dem Schluss, dass es keine Möglichkeit für den Patienten gegeben hatte, den Tod zu verhindern, und stellten fest, dass das Verantwortungsgefühl aus der Fehlinterpretation des Briefes resultierte. Anschließend wurde das traumatische Erlebnis nacherlebt und der Patient stellte sich dabei den Abschiedsbrief in einer leicht veränderten Formulierung vor („Ich werde mich erschießen“ statt „Ich werde mir das Leben nehmen“).

Imaginationstechniken zur Veränderung von problematischen Interpretationen

- *Modifikation problematischer Interpretationen.* Imaginationstechniken können nützlich sein, um dysfunktionale Interpretationen zu modifizieren und alternative Interpretationen zu entwickeln.

Beispiel für den Einsatz von Imaginationstechniken zur Modifikation problematischer Interpretationen

Ein Patient, der (unschuldig) in einen Frontalzusammenstoß verwickelt war, bei dem der andere Fahrer starb, fühlte sich sehr schuldig. Er meinte, dass sein eigenes Leid im Vergleich zum Leid des gestorbenen Unfallgegners minimal und nicht gerechtfertigt sei. Die weitere Exploration ergab, dass er annahm, der andere Fahrer sei sich des drohenden Todes bewusst gewesen und hätte dabei endlose und unvorstellbare Qualen erlitten. Die verbale Hinterfragung dieser Interpretation (z. B. hatte der Patient auch erwartet zu sterben, waren seine eigenen Qualen unerträglich gewesen?) ergab keine wesentliche Modifikation dieser Interpretation. Als der Patient sich den Unfall jedoch aus der Perspektive des anderen Fahrers vorstellte, wurde ihm klar, dass der andere Fahrer das Fahrzeug des Patienten erst sehr kurz vor dem Unfall gesehen haben musste, dass die Gewissheit des Todes nur Bruchteile von Sekunden gedauert haben konnte und dass er unmittelbar beim Aufprall gestorben sein musste. Auch kam er zu der Überzeugung, dass der Gestorbene wahrscheinlich in einer Art Schockzustand gewesen sein musste, der seine Gefühle betäubte. Durch diese Imaginationsübung wurden seine Selbstvorwürfe und Schuldgefühle deutlich reduziert.

4.8.7 Umstrukturieren von grundlegenden Überzeugungen über das Selbst und die Welt

Bei einigen Patienten stehen grundlegende Überzeugungen über Gefühlsausdruck, psychische Probleme oder das Ersuchen um Hilfe dem Einlassen des Patienten auf das imaginative Nacherleben und der Exploration der persönlichen Bedeutung des Traumas im Weg.

Beispiele für grundlegende Überzeugungen, die dem Einlassen auf die Behandlung im Wege stehen

Beispiel 1: Ein Patient empfand es als „Luxus", über seine Gefühle nachzudenken und zu sprechen, und meinte, das würde ihn nur zum Waschlappen machen. In seiner Familie herrschte das Motto, dass man Schwierigkeiten beim Schopf packen und mit dem Leben weitermachen müsse, statt sich mit Gefühlsduselei aufzuhalten.

Beispiel 2: Eine andere Patientin hielt es für inakzeptabel, selbst therapeutische Hilfe in Anspruch zu nehmen, weil sie die starke Person in ihrer Familie war, die für alle anderen da war und ihnen half, und in der Vergangenheit mit den schwierigsten Situationen zurechtgekommen war.

Die kognitive Umstrukturierung zielt in solchen Fällen zunächst darauf ab, die problematischen Einstellungen/Regeln zu identifizieren. Dann werden die Vorteile dieser Einstellungen/Regeln besprochen. Anschließend werden deren Nachteile exploriert und die rigide Anwendung in allen Lebenslagen hinterfragt. Kann das Ziel (schwierige Lebenslagen zu überwinden) am besten erreicht werden, wenn man die Regel rigide befolgt? Es wird herausgearbeitet, dass die Regel zwar bei vielen Schwierigkeiten optimal ist, dass sie jedoch nicht dabei hilft, über ein traumatisches Erlebnis hinwegzukommen und das Gedächtnis für das Erlebnis zu ordnen.

Rigide Anwendung von Regeln hinterfragen

Es ist oft nützlich, die Analogie eines Trauerfalles zu diskutieren (am besten am Beispiel einer Person, die der Patient verloren hat). Wie kommt man am besten über den Tod einer nahestehenden Person hinweg? Hilft es, die Gefühle zu unterdrücken und nicht mehr an die verstorbene Person zu denken? Falls die Regeln von den Eltern übernommen wurden, kann es sinnvoll sein zu fragen, ob die Eltern sonst alles richtig gemacht haben und der Patient bei der Erziehung seiner eigenen Kinder alles genauso machen würde. Doppelte Maßstäbe für sich versus andere Personen müssen ebenfalls besprochen werden.

Eine andere nützliche Analogie ist es, das konkrete Beispiel einer anderen Person zu besprechen, die starke Vorurteile hat. Anhand dieses Beispiels lassen sich die selektive Suche nach passenden Informationen und die Entkräftung aller Gegenargumente besprechen, ohne dass der Patient sich selbst angegriffen fühlt.

4.9 Modifikation aufrechterhaltender Verhaltensweisen und kognitiver Strategien

Die meisten Patienten zeigen mehrere dysfunktionale Strategien, mit denen sie die wahrgenommene Bedrohung und die Symptome zu kontrollieren versuchen. Im Laufe der Therapie muss eine Veränderung aller dieser Strategien erreicht werden. In anderen Abschnitten wurde bereits die Modifikation von Vermeidungsverhalten, Sicherheitsverhalten, Unterdrücken von Erinnerungen an das Trauma und dysfunktionalen Strategien zum Umgang mit Störungen des Schlafes besprochen. An dieser Stelle sollen noch zwei andere typische Beispiele erwähnt werden.

- *Grübeln.* Viele Patienten berichten, dass sie lange Zeit damit verbringen, über das Ereignis und seine Konsequenzen nachzugrübeln. Der Therapeut exploriert den Inhalt dieser Gedankengänge. Es stellt sich im Allgemeinen heraus, dass die Gedanken um Fragen zur Verhinderbarkeit des Traumas kreisen, um Fantasien, wie das Leben ohne das Trauma wäre oder welche Maßnahmen zur Vergeltung des Traumas durchgeführt werden können, oder um Befürchtungen, was in der Zukunft noch alles passieren wird. In der Diskussion kommen Patient und Therapeut gemeinsam zu dem Schluss, dass solche „Was wäre, wenn ...“-Gedanken nicht helfen, das Erlebnis zu akzeptieren und zu verarbeiten, sondern dem sogar im Wege stehen. Der Patient wird instruiert, bei solchen Gedanken die gleiche Haltung einzunehmen wie beim intrusiven Wiedererleben (vorbeifahrender Zug). Es kann auch nützlich sein, Maßnahmen zur Stimuluskontrolle einzuleiten. Zum Beispiel wird vereinbart, dass der Patient nur zu einer festgelegten Zeit an einem besonderen Platz („Sorgenstuhl“) über das Trauma nachdenkt und sich zu anderen Zeiten sagt, dass er das später zur festgelegten Zeit tun wird, wenn solche Gedanken auftauchen. Viele Patienten berichten, dass die „Sorgenstuhl-Intervention“ einen paradoxen Effekt hat, so dass sie gar nicht richtig grübeln können, wenn sie es sich vornehmen.

Grübeln reduzieren

Wenn sich das Grübeln hauptsächlich auf Kleinigkeiten des Alltags bezieht, so ist es oft nützlich, die Themen des Grübeln schriftlich festzuhalten. Danach lernt der Patient zu unterscheiden zwischen solchen Themen, bei denen er konkret etwas zur Lösung der Probleme tun kann, und solchen, bei denen der Ausgang unabhängig von ihm ist (bei denen das Grübeln also nicht zur Problemlösung beiträgt). Er plant im Folgenden konkrete Schritte zur Lösung der bewältigbaren Probleme.

Hypervigilanz bewusst aufgeben

- *Hypervigilanz.* Viele Patienten berichten, ständig nach neuen Gefahren Ausschau zu halten und auf dem Sprung zu sein. Hier ist es günstig, die Vor- und Nachteile der Strategie zu betrachten. Die Diskussion sollte darauf hinführen, dass die Hypervigilanz eine Reihe von Nachteilen hat: Zum einen werden Anzeichen für Gefahren im Sinne einer sich selbst erfüllenden Prophezeiung selektiv wahrgenommen. So wird eine Frau, die nach einer Vergewaltigung durch einen Mann mit dunklem Bart ständig überprüft, ob irgendwelche Männer in ihrer Umgebung einen Bart haben, um sich vor ihnen in Acht nehmen zu können, viele solcher Männer sehen und damit ihr Gefühl, in Gefahr zu sein, vergrößern.

  Zum anderen interferiert die Hypervigilanz mit automatischen Mechanismen zur Entdeckung von Gefahren. So kann es dazu kommen, dass Gefahren sogar schlechter erkannt werden. Zum Beispiel wird ein Mann, der alle anderen Menschen in seiner Umgebung im Auge behält und seine ganze geistige Energie darauf verwendet, möglicherweise gewalttätige Personen zu erkennen, ein ausbrechendes Feuer schlechter erkennen als jemand, der seine Aufmerksamkeit nicht kontrolliert und den automatischen „Alarmmechanismen“ vertraut.

4.10 Rückfallprophylaxe

Die Therapie kann beendet werden, wenn der Patient in den letzten 2 bis 3 Sitzungen die im Folgenden aufgeführten Kriterien erfüllt:

Indikatoren dafür, dass die Therapie beendet werden kann
– Der Patient hat niedrige Werte auf Fragebogen zur Messung der PTB-Symptome (z. B. 8 oder niedriger auf der PDS, andere Autoren verlangen eine Veränderung um mindestens 50% auf der PDS, Foa & Rothbaum, 1998).
– Der Patient hat kein intrusives Wiedererleben mehr.
– Der Patient zeigt kein Vermeidungsverhalten mehr.
– Der Patient versucht nicht mehr, seine Erinnerungen und Gefühle zum Trauma zu unterdrücken.
– Der Patient kann das imaginative Nacherleben des Traumas ohne starke Belastung (Belastungsratings um 20 oder niedriger) durchführen.

In der letzten wöchentlichen Therapiesitzung wird eine Zusammenfassung erstellt, was der Patient in der Therapie gelernt hat. Diese wird schriftlich festgehalten. Der Patient wird aufgefordert, die Ausführungen zu Hause weiter zu ergänzen. Im einzelnen beantwortet er die folgenden Fragen:

Zusammenfassung des in der Therapie Gelernten
– Was hat geholfen, mit dem Trauma abzuschließen?
– Was habe ich vorher über die Symptome, mich selbst, die Welt gedacht?
– Was sind die Antworten auf diese Gedanken?
– Wie sollte ich in Zukunft mit Erinnerungen an das Trauma und Situationen umgehen, die mich an das Trauma erinnern?

Zukünftige Schwierigkeiten antizipieren

Weiterhin wird besprochen, dass bestimmte äußere Umstände dazu führen können, dass sich die Symptome vorübergehend verschlechtern – wie zum Beispiel Jahrestage, andere Stressoren oder körperliche Krankheit. Dies sei jedoch kein Zeichen, dass alles umsonst war, sondern vielmehr eine gute Gelegenheit, die in der Therapie gelernten Strategien einzusetzen. Wir führen bis zu 3 monatliche Sitzungen nach Abschluss der Therapie durch, um den weiteren Verlauf der Symptome zu beobachten und eventuell verbleibende Probleme zu bearbeiten.

4.11 Probleme bei der Durchführung

Die meisten Probleme bei der Durchführung der Behandlung wurden bereits angesprochen. Hier soll deswegen nur ein stichwortartiger Überblick zu Maßnahmen im Umgang mit diesen Problemen gegeben werden.

- *Der Patient erscheint unregelmäßig*

Oft Zeichen von Vermeidung, Schlafproblemen oder generellem Chaos im Leben; Verständnis zeigen; Termine eventuell nachmittags ansetzen; konkrete Vorhersagen besprechen und modifizieren, was passieren wird, wenn Patient über Trauma spricht; prüfen, ob sich Patient nicht sicher fühlt (therapeutisches Setting, Therapeutenverhalten) und entsprechende Änderungen vornehmen; eventuell Problemlösen.

- *Der Patient führt das imaginative Nacherleben nicht aus*

Konkrete Vorhersagen besprechen und modifizieren, was passieren wird, wenn Patient sich das Trauma vorstellt und seinen Gefühlen freien Lauf lässt; andere Varianten des Nacherlebens vorschlagen (z. B. Schreiben); dem Patienten Kontrolle geben.

- *Der Patient dissoziiert beim imaginativen Nacherleben/bei in-vivo-Exposition*

Reaktion normalisieren; graduell vorgehen; Kontakt zum „Hier-und-Jetzt" steigern; Objekte, die positive Aspekte des „Hier-und-Jetzt" symbolisieren, festhalten oder betrachten; wahrgenommene Sicherheit der Umgebung steigern (z. B. Tür abschließen; bei Freunden sein); Tonband mit Selbstinstruktionen (z. B. „Ich bin jetzt in Sicherheit"); eventuell Stressbewältigungsstrategien wie Atem- oder Entspannungstechniken.

- *Der Patient gibt dysfunktionales Verhalten nicht auf*

Konkrete Vorhersagen besprechen und modifizieren, was passieren wird, wenn Patient Verhalten aufgibt; eventuell zugrundeliegende generelle Einstellungen besprechen und modifizieren.

- *Der Patient hält an dysfunktionalen Interpretationen fest*

Zugrundeliegende generelle Einstellungen explorieren und modifizieren.

- *Der Patient führt Hausaufgaben zum Zurückerobern des Lebens nicht aus*

Konkrete Vorhersagen besprechen und modifizieren, was passieren wird, wenn Patient Aktivität aufnimmt; Problemlösen bei realen Problemen; *in-vivo*-Arbeit unter Begleitung des Therapeuten.

- *Der Patient bekommt durch Wutausbrüche Probleme mit Familie, Beruf oder Polizei*

Maßnahmen zur Ärgerkontrolle einleiten; „Flash-cards“ mit Selbstinstruktionen.

- *Der Patient hat finanzielle, gesundheitliche oder familiäre Probleme, die Fortschritte beeinträchtigen*

Problemlösen; eventuell direkte Intervention durch den Therapeuten.

- *Der Patient erlebt ein weiteres Trauma*

Interpretationen des Traumas erarbeiten (Bestätigung vorheriger Interpretationen?) und modifizieren; sensorische Gemeinsamkeiten und Unterschiede der Traumata herausarbeiten; neues Trauma ebenfalls bearbeiten.

- *Der Therapeut fühlt sich durch traumatisches Ereignis persönlich beeinträchtigt*

Unterstützung durch Kollegen; positive Erlebnisse und Erholung einplanen; körperliche Aktivität; Bezug zum persönlichen Leben reflektieren und Unterschiede herausarbeiten.

5 Effektivität

5.1 Effektivität des dargestellten Behandlungsansatzes

Die Wirksamkeit des hier dargestellten Behandlungsansatzes wurde bisher in einer unkontrollierten Therapiestudie und in zwei noch laufenden kontrollierten Studien überprüft. Zur Vergleichbarkeit mit einer kürzlich erschienenen Metaanalyse von 61 Behandlungsstudien zur PTB (van Etten & Taylor, 1998) berichte ich die Effektstärke (Cohens *d* Statistik) als Differenz zwischen den Werten vor und nach der Behandlung geteilt durch die gemittelte Standardabweichung der Werte vor und nach der Behandlung. Eine Effektstärke $d = 1$ bedeutet, dass die Behandlung zur Besserung um eine Standardabweichung führte.

Bei der Interpretation der Effektstärken muss berücksichtigt werden, dass auch PTB-Patienten, die Placebos einnehmen oder auf die Behandlung warten, gewisse Besserungen zeigen. In der Metaanalyse betrugen die Effektstärken für diese Bedingungen $d = 0{,}51$ und 0,44 für die Symptome der PTB (Selbstbeurteilungsmaße).

Für kognitive Verhaltenstherapie berichteten Van Etten und Taylor (1998) eine mittlere Effektstärke von $d = 1{,}27$ für vom Patienten berichtete PTB-Symptome. Die kognitive Verhaltenstherapie war damit signifikant wirksamer als Placebo oder Warten auf Behandlung. Mit dem hier beschriebenen Behandlungsansatz erreicht unsere Arbeitsgruppe Effektstärken zwischen $d = 2{,}6$ und 2,8 für die PTB-Symptome. Die therapeutischen Effekte bleiben in der Katamnese stabil (bisher liegen 1-Jahres-Katamnesen vor). Die Erfolgsquote (definiert als Zahl der Patienten, die nach Behandlung nicht mehr die diagnostischen Kriterien für eine PTB erfüllen) liegt bei 80-90 %. Die Zahl der Therapieabbrecher ist gering (ca. 5 %).

Behandlungsansatz hat hohe Effektstärke

Die Erfolgsquote und Effektstärke des hier beschriebenen Ansatzes ist größer als bei anderen Studien zur Effektivität von Expositionsverfahren (imaginatives Nacherleben und *in vivo*-Konfrontation), und zu deren Kombination mit kognitiver Therapie (Foa et al., 1999; Marks et al., 1998; Tarrier et al., 1999). Ein möglicher Grund hierfür ist, dass bei unserem Ansatz die kognitiven Methoden eng verzahnt mit dem imaginativen Nacherleben eingesetzt werden, während in anderen Studien die kognitiven Interventionen stets nach ca. 1 Stunde Nacherleben durchgeführt wurden. Es ist wahrscheinlich, dass dadurch die Patienten in den früheren Studien nicht mehr so aufnahmefähig waren und eventuell den Bezug der kognitiven Interventionen zum Trauma nicht mehr so leicht erkannten.

5.2 Effektivität anderer psychologischer Behandlungsverfahren

5.2.1 Trainings zur Stressbewältigung

Bei diesem verhaltenstherapeutischen Ansatz lernen die Patienten verschiedene Methoden zur besseren Bewältigung von Belastungen des Alltags. Das traumatische Erlebnis steht nicht im Mittelpunkt der Behandlung. Verschiedene Techniken zur Stressbewältigung werden eingesetzt, z. B. Entspannungstraining, Atemtraining, Gedanken-Stop, Selbstsicherheitstraining und Training im positiven Denken (Meichenbaum, 1994). Stressbewältigungstraining hat sich als wirksamer als unterstützende Psychotherapie erwiesen, ist aber langfristig etwas weniger wirksam als Expositionsverfahren (Foa & Meadows, 1997). Entspannungstraining allein ist kurzfristig und langfristig weniger effektiv als Expositionsverfahren oder kognitive Therapie (Marks et al., 1998).

5.2.2 Augenbewegungs-Desensibilisierung (EMDR)

Dies ist eine relativ neue und umstrittene Behandlung (Shapiro, 1995). Der Patient wird angewiesen, sich auf ein mit dem Trauma zusammenhängendes Vorstellungsbild zu konzentrieren und auf die damit zusammenhängenden Gefühle, Empfindungen und Gedanken, während er mit den Augen die Finger des Therapeuten verfolgt, die sich vor seinen Augen hin und her bewegen. Nach einer Einheit von ca. 24 Augenbewegungen werden die kognitiven und emotionalen Reaktionen mit dem Therapeuten besprochen. Selbstinstruktionen zur Bewältigung des Vorstellungsbildes werden eingeführt, während der Patient sich die Szene vorstellt. Eine Reihe von Studien belegen die Wirksamkeit von EMDR zumindest bei selbstbeurteilten PTB-Symptomen (d = 1,24, van Etten & Taylor, 1998). Der Mechanismus der Behandlung ist bisher unklar. Neuere Studien weisen darauf hin, dass die Augenbewegungen keinen notwendigen Teil der Behandlung darstellen (van Etten & Taylor, 1998).

5.2.3 Psychodynamische Therapie

Eine kontrollierte Studie fand, dass psychodynamische Therapie wirksamer ist als eine Wartelisten-Kontrollbedingung. Die Effektstärke für selbstbeurteilte Symptome betrug d = 0,90 (van Etten & Taylor, 1998). Shalev et al. (1996a) und Foa und Meadows (1997) fassen unkontrollierte Berichte zusammen, die weitere Anhaltspunkte dafür liefern, dass psychodynamische Therapie wirksam sein kann. Weitere kontrollierte Studien sind notwendig.

5.2.4 Hypnotherapie

Eine kontrollierte Studie fand, dass Hypnotherapie wirksamer ist als die Wartelisten-Kontrollbedingung. Die Effektstärke für selbstbeurteilte Symptome betrug d = 0,94 (Van Etten & Taylor, 1998). Shalev et al. (1996a) äußern Bedenken hinsichtlich des Einsatzes von Hypnotherapie in der Behandlung von PTB, da diese dissoziative Zustände hervorrufen könne.

5.3 Pharmakologische Behandlung

5.3.1 *Selektive Serotonin-Wiederaufnahme-Hemmer (SSRIs)*

SSRIs Medikamente der Wahl

Diese Medikamente (z. B. Sertralin, Fluvoxamin, Fluoxetin) sind wirksam in der Behandlung der PTB (Davidson, 1997). Die Meta-Analyse von van Etten und Taylor (1998) zeigte mittlere Effektstärken von d = 1,38 für die vom Patienten beurteilten PTB-Symptome. Die SSRIs waren – über die verschiedenen Studien hinweg betrachtet – wirksamer als andere medikamentöse Therapien und können als pharmakologische Behandlung der Wahl gelten. Trotz der insgesamt guten Behandlungserfolge ist es möglich, dass SSRIs nicht bei allen Gruppen von PTB-Patienten gleich wirksam sind. So fand eine Studie, dass Fluoxetin bei zivilen Patienten einer Traumaambulanz der Placebobehandlung weitaus überlegen war, dass dies aber nicht der Fall war bei Kriegsveteranen in einem Militär-Krankenhaus (Davidson, 1997). Auch ist zu bedenken, dass 38 % der Patienten eine SSRI-Behandlung abbrechen, während dies bei psychologischen Behandlungen im Durchschnitt nur 14 % der Patienten sind (van Etten & Taylor, 1998). Die langfristige Wirksamkeit der SSRI ist nicht bekannt. Es ist nicht bekannt, ob eine Kombinationsbehandlung von psychologischer Behandlung und SSRIs erfolgreicher oder weniger erfolgreich ist als die psychologische Behandlung für sich allein.

5.3.2 *Monoamino-Oxidase-Hemmer (MAO-Hemmer)*

Nach van Etten und Taylors (1998) Meta-Analyse sind MAO-Hemmer nicht wirksamer als Placebo oder Warten auf Therapie. Die Effektstärke betrug nur d = 0,61 für vom Patienten beurteilte PTB-Symptome. Es ist möglich, dass einige Studien die Wirkung der MAO-Hemmer unterschätzten, weil die Behandlung nicht über einen hinreichend langen Zeitraum stattfand. Trotzdem können sie nicht als pharmakologische Behandlung der Wahl angesehen werden (Davidson, 1997).

5.3.3 *Trizyklische Antidepressiva*

Diese Medikamente scheinen, wenn überhaupt, nur bei weniger schweren Fällen der PTB zu wirken (Davidson, 1997). Effektstärken waren im Allgemeinen nicht bedeutend größer als für Placebo oder Warteliste (van Etten & Taylor, 1998; d = 0,54). Davidson (1997) wies darauf hin, dass möglicherweise bei einigen Studien keine Wirksamkeit dieser Medikamente gefunden wurde, weil die Behandlungsdauer zu kurz war. Dennoch können die trizyklischen Antidepressiva nicht als pharmakologische Behandlung der Wahl angesehen werden (Davidson, 1997).

5.3.4 Antiepileptika

Antiepileptika (Carbamazepin, Valproat) sind möglicherweise wirksam ($d = 0{,}93$, van Etten & Taylor, 1998), sind aber bisher noch nicht genügend untersucht worden (Friedman, 1998). Davidson (1997) schätzte, dass ca. 65 % der PTB-Patienten auf Antiepileptika ansprechen.

5.3.5 Benzodiazepine

Benzodiazepine scheinen bei der Behandlung von PTB nicht wirksam zu sein. Nach der Meta-Analyse von van Etten und Taylor (1998) waren sie nicht wirksamer als Placebo oder Warten auf Behandlung ($d = 0{,}49$). Sie können nicht empfohlen werden, zumal es bei Absetzen von kurzzeitig wirkenden Benzodiazepinen, wie z. B. Alprazolam, bei PTB-Patienten zu einem *Rebound*-Syndrom mit erhöhter Ängstlichkeit, Schlafstörungen, Alpträumen und Wutanfällen kommen kann (Davidson, 1997).

5.4 Kombinationsbehandlung?

Der hier beschriebene Behandlungsansatz ist in den meisten Fällen erfolgreich. Wir empfehlen deswegen im Allgemeinen nicht die Kombination mit medikamentöser Behandlung. Wenn die Patienten bereits ein wirksames Medikament einnehmen (also SSRIs), so empfehlen wir, zunächst bei derselben Dosis zu bleiben und dann das Medikament gegen Ende der Behandlung auszuschleichen.

Kombinationsbehandlung nicht empfohlen

Auch setzen wir im Allgemeinen keine Methoden zur Stressbewältigung ein. Stressbewältigungsstrategien können die Durchführung von Verhaltensexperimenten zur Widerlegung von erwarteten Katastrophen erschweren. Ausnahmen stellen die Maßnahmen zur Ärgerkontrolle dar. Eine weitere Ausnahme bilden Patienten, die bei Konfrontation mit Reizen, die an das Trauma erinnern, stark dissoziieren. Bei ihnen kann ein graduelles Vorgehen beim imaginativen Nacherleben und der *in-vivo*-Exposition unter Einsatz von Stressbewältigungsstrategien sinnvoll sein.

Die Methoden der Augenbewegungs-Desensibilisierung (EMDR) halten wir ebenfalls nicht für notwendig. In besonderen Einzelfällen mögen diese

Methoden nützlich sein, um die individuelle Bedeutung des Traumas durch die auftretenden Assoziationen mit früheren negativen Erfahrungen näher zu explorieren.

6 Literatur

American Psychiatric Association. (1987). *Diagnostic and Statistical Manual of Mental Disorders*. (3rd revised ed.). Washington, D.C.: American Psychiatric Association.

American Psychiatric Association. (1994). *Diagnostic and Statistical Manual of Mental Disorders*. (4th ed.). Washington D.C.: American Psychiatric Association.

Amir, N., Stafford, J., Freshman, M.S. & Foa, E.B. (1998). Relationship between trauma narratives and trauma pathology. *Journal of Traumatic Stress, 11*, 385-392.

Andreski, P., Chilcoat, H. & Breslau, N. (1998). Post-traumatic stress disorder and somatization symptoms: a prospective study. *Psychiatry Research, 79*, 131-138.

Andrews, G., Slade, T. & Peters, L. (1999). Classification in psychiatry: ICD-10 *versus* DSM-IV. *British Journal of Psychiatry, 174*, 3-5.

Beckham, J.C., Kirby, A.C., Feldman, M.E., Hertzberg, M.A., Moore, S.D., Crawford, A.L., Davidson, J.R.T. & Fairbank, J.A. (1997). Prevalence and correlates of heavy smoking in Vietnam veterans with chronic posttraumatic stress disorder. *Addictive Behaviors, 22*, 637-647.

Blake, D.D., Weathers, F.W., Nagy, L.M., Kaloupek, D.G., Gusman, F.D., Charney, D.S. & Keane, T.M. (1995). The development of a clinician-administered PTSD scale. *Journal of Traumatic Stress, 8*, 75-90.

Boos, A., Ehlers, A., Maercker, A. & Schützwohl, M. (1998). Trauma, Kognitionen und chronische PTB: Eine Untersuchung an ehemaligen politischen Gefangenen der DDR. *Zeitschrift für Klinische Psychologie, 27*, 244-253.

Boscarino, J.A. (1997). Diseases among men 20 years after exposure to severe stress: Implications for clinical research and medical care. *Psychosomatic Medicine, 59*, 605-614.

Breslau, N., Davis, G.C., Andreski, P. & Peterson, E. (1991). Traumatic events and posttraumatic stress disorder in an urban population of young adults. *Archives of General Psychiatry, 48*, 216-222.

Breslau, N., Davis, G.C., Andreski, P., Peterson, E.L. & Schultz, L.R. (1997). Sex differences in posttraumatic stress disorder. *Archives of General Psychiatry, 54*, 1044-1048.

Brewin, C.R., Dalgleish, T. & Joseph, S. (1996). A dual representation theory of posttraumatic stress disorder. *Psychological Review, 103*, 670-686.

Bryant, R.A., Harvey, A.G., Dang, S.T., Sackville, T. & Basten, C. (1998). Treatment of acute stress disorder: A comparison of cognitive- behavioral therapy and supportive counseling. *Journal of Consulting and Clinical Psychology, 66*, 862-866.

Conway, M. A. (1997). Introduction: What are memories? In M. A. Conway (Ed.), *Recovered memories and false memories* (pp. 1-22). Oxford, UK: Oxford University Press.

Davidson, J.R.T. (1997). Biological therapies for posttraumatic stress disorder: an overview. *Journal of Clinical Psychiatry, 58 (suppl 9)*, 29-32.

Dilling, H., Mombour, W. & Schmidt, M.H. (Hrsg.) (1991). *Weltgesundheitsorganisation: Internationale Klassifikation psychischer Störungen. ICD-10 Kapitel V (F) Klinisch-diagnostische Richtlinien.* Bern: Verlag Hans Huber.

Dunmore, E., Clark, D.M. & Ehlers, A. (1999). Cognitive factors involved in the onset and maintenance of posttraumatic stress disorder after physical or sexual assault. *Behaviour Research and Therapy, 37*, 809-829.

Ehlers, A. (1998). *A measure of dysfunctional behavioural and cognitive strategies in PTSD.* Unveröffentlichtes Manuskript.

Ehlers, A. & Clark, D.M. (1999). A cognitive model of posttraumatic stress disorder. *Behaviour Research and Therapy, in Druck.*

Ehlers, A.. & Steil, R. (1995). Maintenance of intrusive memories in posttraumatic stress disorder: a cognitive approach. *Behavioural and Cognitive Psychotherapy, 23*, 217-249.

Ehlers, A., Mayou, R.A. & Bryant, B. (1998). Psychological predictors of chronic posttraumatic stress disorder after motor vehicle accidents. *Journal of Abnormal Psychology, 107*, 508-519.

Engdahl, B.E., Dikel, T.N., Eberly, R. & Blank, A. (1997). Posttraumatic stress disorder in a community group of former prisoners of war: A normative response to severe trauma. *American Journal of Psychiatry, 154*, 1576-1581.

Foa, E.B., Cashman, L., Jaycox, L. & Perry, K. (1997). The validation of a self-report measure of posttraumatic stress disorder: the Posttraumatic Diagnostic Scale. *Psychological Assessment, 9*, 445-451.

Foa, E. B., Ehlers, A., Clark, D. M., Tolin, D. F. & Orsillo, S. M. (1999). The Post-traumatic Cognitions Inventory (PTCI): Development and validation. *Psychological Assessment, 11*, 303-314

Foa, E. B., Hearst-Ikeda, D. & Perry, K. J. (1995). Evaluation of a brief cognitive-behavioral program for the prevention of chronic PTSD in recent assault victims. *Journal of Consulting and Clinical Psychology, 63*, 948-955.

Foa, E.B. & Meadows, E.A. (1997). Psychosocial treatments for posttraumatic stress disorder: A critical review. *Annual Review of Psychology, 48*, 449-480.

Foa, E. B. & Riggs, D. S. (1993). Post-traumatic stress disorder in rape victims. In J. Oldham, M. B. Riba & A. Tasman (Eds.), *Annual review of psychiatry. Vol. 12* (pp 273-303). Washington, DC: American Psychiatric Association.

Foa, E. B. & Rothbaum, B. O. (1998). *Treating the trauma of rape. Cognitive-behavior therapy for PTSD.* New York: Guilford.

Gersons, B.P.R. & Carlier, I.V.E. (1992). Posttraumatic stress disorder: the history of a recent concept. *British Journal of Psychiatry, 161*, 742-748.

Giaconia, R.M., Reinherz, H.Z., Silverman, A.B. & Pakiz, B. (1995). Traumas and posttraumatic stress disorder in a community population of older adolescents. *Journal of the American Academy of Child and Adolescent Psychiatry, 34*, 1369-1380.

Hautzinger, M., Bailer, M., Worall, H. & Keller, F. (1995). *Beck-Depressions-Inventar (BDI).* Bern: Verlag Hans Huber.

Horowitz, M. J. (1997). *Stress response syndromes. PTSD, grief, and adjustment disorders.* Northvale, NJ: Jason Aroson.

Horowitz, M.J., Wilner, N. & Alvarez, W. (1979). The Impact of Event Scale: a measure of subjective stress. *Psychosomatic Medicine, 41*, 209-218.

Janoff-Bulman, R. (1992). *Shattered assumptions: Toward a new psychology of trauma.* New York: The Free Press.

Jordan, B.K., Marmar, C.R., Fairbank, J.A., Schlenger, W.E., Kulka, R.A., Hough, R.L. & Weiss, D.S. (1992). Problems in families of male Vietnam veterans with posttraumatic stress disorder. *Journal of Consulting and Clinical Psychology, 60*, 916-926.

Kessler, R.C., Sonnega, A., Bromet, E., Hughes, M. & Nelson, C.B. (1995). Posttraumatic stress disorder in the National Comorbidity Survey. *Archives of General Psychiatry, 52*, 1048-1060.

Kinzie, J.D. & Goetz, R.R. (1996). A century of controversy surrounding posttraumatic stress-spectrum syndromes: the impact of DSM-III and DSM-IV. *Journal of Traumatic Stress, 9*, 159-179.

Kuch, K. & Cox, B.J. (1992). Symptoms of PTSD in 124 survivors of the Holocaust. *American Journal of Psychiatry, 149*, 337-340.

Maercker, A. & Schützwohl, M. (1997). Long-term effects of political imprisonment: a group comparison study. *Social Psychiatry and Psychiatric Epidemiology, 32*, 435-442.

Maercker, A. & Schützwohl, M. (1998). Erfassung von psychischen Belastungsfolgen. Die Impact of Event Skala - Revidierte Fassung (IES-R). *Diagnostica, 44*, 130-141.

March, J. S. (1993). What constitutes a stressor? The "Criterion A" issue. In J.R.T. Davidson & E.B. Foa (Eds.), *Post-traumatic stress disorder: DSM-IV and beyond* (pp. 37-56). American Psychiatric Press, Washington.

Margraf, J. & Ehlers, A. (in Vorbeitung). *Beck-Angst-Inventar (BAI).* Bern: Verlag Hans Huber.

Margraf, J. & Schneider, S. (1989). *Panik. Angstanfälle und ihre Behandlung.* Berlin: Springer.

Marks, I., Lovell, K., Noshirvani, H., Livanou, M. & Thrasher, S. (1998). Treatment of posttraumatic stress disorder by exposure and/or cognitive restructuring – A controlled study. *Archives of General Psychiatry, 55*, 317-325.

McFarlane, A.C. & de Girolamo, G. (1996). The nature of traumatic stressors and the epidemiology of posttraumatic reactions. In B.A. van der Kolk, A.C. McFarlane & L. Weisaeth *(Eds.), Traumatic Stress* (pp. 129-154). Guilford, New York.

McNally, R.J. (1998). Posttraumatic stress disorder. In T. Millon, P. H. Blaney& R. D. Davis (Eds.), *Oxford textbook of psychopathology*. Oxford, UK: Oxford University Press.

Meichenbaum, D. (1997). *Treating post-traumatic stress disorder. A handbook and practice manual for therapy*. Chichester, UK: Wiley.

Norris, F.H. (1992). Epidemiology of trauma: Frequency and impact of different potentially traumatic events on different demographic groups. *Journal of Consulting and Clinical Psychology, 60*, 409-418.

Reemtsma, J. P. (1997). *Im Keller.* Hamburg: Hamburger Edition.

Resick, P. A. & Schnicke, M. K. (1993). *Cognitive processing therapy for rape victims.* Newbury Park, CA: Sage.

Resnick, H.S., Kilpatrick, D.G., Dansky, B.S., Saunders, B.E. & Best, C.L. (1993). Prevalence of civilian trauma and posttraumatic stress disorder in a representative national sample of women. *Journal of Consulting and Clinical Psychology, 61*, 984-991.

Rose, S. & Bisson, J. (1998). Brief early psychological interventions following trauma: A systematic review of the literature. *Journal of Traumatic Stress, 11*, 697-710.

Salkovskis, P.M. (1996). The cognitive approach to anxiety: threat beliefs, safety-seeking behaviour, and the special case of health anxiety and obsessions. In P.M. Salkovskis (Ed.), *Frontiers of cognitive therapy* (pp. 48-74). New York: Guilford.

Shalev, A.Y., Bonne, O. & Eth, S. (1996). Treatment of posttraumatic stress disorder: A review. *Psychosomatic Medicine, 58*, 165-182.

Shipherd, J.C. & Beck, J.G. (1999). The effects of suppressing trauma-related thoughts on women with rape- related posttraumatic stress disorder. *Behaviour Research and Therapy, 37*, 99-112.

Steil, R. & Ehlers, A. (in Druck). Dysfunctional meaning of posttraumatic intrusions in chronic PTSD. *Behaviour Research and Therapy.*

Steil, R. & Ehlers, A. (in Vorbereitung). Diagnostische Skala für die Posttraumatische Belastungsstörung. Göttingen: Hogrefe.

Stein, M.B., Walker, J.R., Hazen, A.L. & Forde, D.R. (1997). Full and partial posttraumatic stress disorder: Findings from a community survey. *American Journal of Psychiatry*, 154, 1114-1119.

Tarrier, N., Pilgrim, H., Sommerfield, C., Faragher, B., Reynolds, M., Graham, E. & Barrowclough, C. (1999). Cognitive and exposure therapy in the treatment of PTSD. *Journal of Consulting and Clinical Psychology, 67*, 13-18.

van der Kolk, B.A. & van der Hart, O. (1991). The intrusive past: the flexibility of memory and the engraving of trauma. *American Imago, 48*, 425-454.

van Etten, M.L. & Taylor, S. (1998). Comparative efficacy of treatments for posttraumatic stress disorder: A meta-analysis. *Clinical Psychology and Psychotherapy, 5*, 126-144.

Wittchen, H.U., Zaudig & Fydrich, T. (1997). *SKID. Strukturiertes Klinisches Interview für DSM-IV, Achse 1, deutsche Version*. Göttingen: Hogrefe.

7 Anhang

Information für Patienten

Posttraumatischer Stress: Eine normale Reaktion auf abnorme Erlebnisse

Einleitung

Ein traumatisches Erlebnis ist ein seelischer Schock. Es ist schwer zu begreifen, was einem passiert ist, und damit fertigzuwerden. Nach einem traumatischen Erlebnis haben fast alle Menschen unangenehme Gefühle, Gedanken und körperliche Empfindungen. Es kann recht lange dauern, bis diese wieder abklingen. In der Zeit nach einem traumatischen Erlebnis kommen einem ungewollt Bilder, Geräusche, andere Empfindungen und Gedanken an das Trauma in den Kopf, auch wenn man versucht, sie beiseite zu schieben. Das kann verwirrend und erschreckend sein. So mögen Sie sich fragen, ob Sie jemals über das traumatische Ereignis hinwegkommen werden, ob Sie sich selbst nicht mehr im Griff haben oder ob Sie gar verrückt werden. Solche Sorgen sind vollkommen verständlich. Wie Sie jedoch in diesem Informationsblatt erfahren werden, sind Ihre Gedanken, Gefühle und Empfindungen eine *normale Reaktion auf Stress.* Sie zeigen, dass Ihr Körper und Ihr Verstand daran arbeiten, mit dem traumatischen Erlebnis fertigzuwerden.

Auf ein traumatisches Erlebnis reagiert jeder Mensch auf seine eigene Art und Weise. Trotzdem gibt es Reaktionen, die bei vielen gleich sind. In diesem Informationsblatt werden einige dieser typischen Reaktionen beschrieben. Wahrscheinlich werden Sie feststellen, dass auch Sie viele dieser Reaktionen erlebt haben oder noch erleben. Bitte lesen Sie das Informationsblatt aufmerksam durch, um festzustellen, welche Teile hiervon besonders auf Sie zutreffen. Das Informationsblatt ist für Sie, so können Sie gern Sätze unterstreichen oder Bemerkungen an den Rand schreiben. Beim nächsten Termin mit Ihrem Therapeuten werden Sie Gelegenheit haben zu besprechen, inwiefern die Informationen auf Sie zutreffen und was Sie darüber denken.

1. Gefühl der Gefahr

Die unmittelbarste und auffälligste Reaktion nach einem traumatischen Erlebnis ist *das Gefühl, dass Gefahr droht,* man hat Angst oder macht sich Sorgen. Nach einem traumatischen Erlebnis wird das Gefühl, dass Gefahr droht, vor allem auf zwei Weisen erlebt:

1. durch ungewolltes Wiedererleben von Teilen des traumatischen Ereignisses (mehr darüber unter Punkt 2);

2. durch körperliche Unruhe, Schreckhaftigkeit und erhöhte Wachsamkeit (mehr darüber unter Punkt 3).

Das Gefühl der Gefahr hat zwei Quellen. Zum einen ist es eine direkte Folge davon, dass Sie selbst oder eine andere Person einer gefährlichen, vielleicht lebensbedrohlichen Situation ausgesetzt waren. Wenn Sie bestimmte *Auslöser oder Reize* an das traumatische Erlebnis erinnern, werden Sie automatisch das Gefühl der Gefahr bekommen, und zum Beispiel wieder Bilder von dem Erlebnis vor sich sehen oder entsprechende körperliche Reaktionen bekommen. Bei manchen Reizen ist dies offensichtlich, weil sie stark an das ursprüngliche traumatische Ereignis erinnern (z. B. wenn man zum Ort zurückkehrt, an dem das Trauma passiert ist). Andere jedoch mögen unsinnig erscheinen und erinnern nur entfernt oder vage an das traumatische Erlebnis (z. B. das Aufblitzen einer bestimmten Farbe, ein gewisser Geruch, eine Lichtveränderung, eine Temperaturveränderung, der Klang einer Stimme). Solche Reize sind oft schwer als Auslöser von Erinnerungen zu erkennen, und die Erinnerungen, die körperliche Erregung oder die Angstgefühle scheinen aus heiterem Himmel zu kommen. Wenn man die Auslöser erstmal erkannt hat, kann man die eigene automatische Reaktion viel besser verstehen und sie abbauen lernen. Daran werden Sie im Laufe der Therapie arbeiten.

Zum anderen entsteht das Gefühl der Gefahr dadurch, dass viele Menschen die Welt nach einem traumatischen Erlebnis anders betrachten. Sie haben ein verändertes Gefühl davon, was sicher ist und was nicht, und es dauert oft einige Zeit, ehe sie sich überhaupt wieder sicher fühlen. So haben auch Sie das Gefühl, dass das Leben voller Gefahren ist und dass man nie weiß, wann wieder ein Unglück passiert. Dieses erhöhte Gespür für Gefahr kann teilweise daher kommen, dass das traumatische Erlebnis Sie für *echte* Gefahren aufmerksamer gemacht hat. Es kommt jedoch auch häufig vor, dass Sie aufgrund der Angst, die das Trauma ausgelöst hat, *überschätzen,* wie gefährlich das Leben ist. Nehmen wir als Beispiel einen Verkehrsunfall: Sie wussten vorher, dass Verkehrsunfälle passieren, haben aber vielleicht nicht geglaubt, dass Ihnen je einer zustoßen wird. Nachdem Sie einen schlimmen Unfall erlebt haben, erscheint es Ihnen dann, als ob an jeder Kreuzung oder jeder Kurve ein Unfall droht. Auch als Mitfahrer haben Sie das Gefühl, dass Sie keinen Moment lang Ihre Augen von der Straße abwenden dürfen. In Wirklichkeit ist jedoch ein Unfall nicht wahrscheinlicher als vorher. Aber es *erscheint* Ihnen sehr wahrscheinlich, dass sich ein Unfall wiederholt. Verständlicherweise führt diese veränderte Sichtweise des Risikos dazu, dass sich Ihr Gefühl der Gefahr noch verstärkt. In der Therapie werden Sie mit Ihrem Therapeuten darüber sprechen, wie Sie prüfen können, ob bei Ihnen solche gefühlsmäßigen Überschätzungen von Gefahr vorliegen und wie Sie diese überwinden können.

2. Wiedererleben

Nach einem Trauma erleben Menschen oft einzelne Teile des traumatischen Erlebnisses immer wieder. So kommen Ihnen vielleicht plötzlich unerwartet Bilder oder Geräusche aus dem Erlebnis in den Kopf, oder Sie nehmen die gleichen Gerüche, den gleichen Geschmack oder die gleichen körperlichen Empfindungen (wie z. B. Kälte, Schmerz) wahr. Oder Sie haben plötzlich die gleichen Gefühle oder Gedanken wie während des Traumas.

Manchmal ist das *Wiedererleben* so lebhaft, dass es so erscheint, als passiere das traumatische Ereignis noch einmal. Vielleicht erleben Sie das Trauma auch in Form von *Alpträumen* wieder. Das *Wiedererleben* kommt über einen, ob man es will oder nicht. So können Sie das Gefühl entwickeln, dass Sie keine Kontrolle mehr darüber haben, wie Sie sich fühlen, woran Sie denken oder was Sie empfinden, weder am Tag noch in der Nacht.

Es ist eine verständliche Reaktion, wenn man das unangenehme Wiedererleben des Traumas so schnell wie möglich beiseite schieben und an etwas anderes denken will. Leider hilft dies im Allgemeinen nicht. Wenn Sie versuchen, die ungewollten Erinnerungen an das Trauma aus Ihrem Kopf zu verdrängen, so werden Sie sie dadurch nicht los, sondern machen sie wahrscheinlich noch hartnäckiger. Ihr Therapeut wird Ihnen dabei helfen, andere Wege zu finden, mit ihnen umzugehen.

Wie Ihr Therapeut Ihnen genauer erklären wird, ist das Wiedererleben ein Zeichen davon, dass das traumatische Erlebnis im Gedächtnis in unverarbeiteter, ungeordneter Form gespeichert ist – anders als die Erinnerung für andere Erlebnisse. Das traumatische Erlebnis wird deswegen besonders leicht aus dem Gedächtnis abgerufen und wird dann in „Rohform“ wiedererlebt, so als wenn alles noch einmal passieren würde, statt als Erlebnis aus der Vergangenheit. Gleichzeitig ist die Erinnerung an das Erlebnis oft nur bruchstückhaft. Eventuell können Sie Teile davon gar nicht erinnern, oder Sie sind sich nicht sicher, in welcher Reihenfolge alles passiert ist. Das macht die Erinnerung natürlich besonders verwirrend und belastend, ist jedoch auch ein Zeichen dafür, dass die Erinnerung an das traumatische Erlebnis noch in unverarbeiteter Form gespeichert ist. *Das Wiedererleben wird weniger lebhaft und seltener, wenn das Gedächtnis für das Erlebnis verarbeitet und geordnet wird. Daher besteht ein Teil der Therapie darin, das traumatische Erlebnis durchzugehen und zu besprechen.*

3. Körperliche Erregung

Eine weitere häufige Reaktion auf ein traumatisches Erlebnis ist *körperliche Erregung,* mit Nervosität und Unruhe, erhöhter Wachsamkeit, Zittern, Schreckhaftigkeit, Reizbarkeit oder Schlafstörungen. Letztere können sich darin äußern, dass Sie schlecht einschlafen können, häufig aufwachen, unruhig schlafen oder schlecht träumen. Wenn man die ganze Zeit angespannt und nervös ist, kann man sich reizbar fühlen, besonders wenn man nicht genügend Schlaf bekommt. Das kann sich zum Beispiel so auswirken, dass man einen nahestehenden Menschen anfaucht oder aus kleinen Gründen seine Beherrschung verliert.

Die Erregungssymptome werden durch das Gefühl der Gefahr verursacht. Tiere und Menschen reagieren auf vielfältige Art und Weise auf Schreck, Angriff, Bedrohung oder Gefahr. Eine solche Reaktion ist z. B. zu *erstarren.* Sie haben vielleicht schon mal gesehen, wie eine Katze sich zusammenkauert und ganz still bleibt, wenn sie Angst vor einem Hund hat. Eine zweite mögliche Reaktion ist *wegzulaufen* oder *zu fliehen.* Eine dritte Reaktion ist zu *kämpfen.* Für Flucht und Kampf wird Adrenalin benötigt, dies ist ein Hormon, das von einer Drüse, die sich bei den Nieren befindet, ausgeschüttet wird. Adrenalin mobilisiert den Körper und hilft, dass man in angemessener Weise auf echte Gefahr reagiert.

Nach einem traumatischen Erlebnis ist es möglich, dass Ihr Körper ständig in Alarmbereitschaft bleibt, obwohl das nicht mehr nötig ist. Das Trauma hat Sie gezwungen wahrzunehmen, dass Gefahr in der Welt droht, und Ihr Körper machte sich bereit, dieser Gefahr zu begegnen. Es ist nun so, als ob Ihr Körper noch nicht bemerkt hat, dass die Gefahr vorüber ist, er reagiert weiterhin, als ob er bedroht wird und als ob er jeden Moment kämpfen, fliehen oder erstarren müsste. Aus diesem Grund fühlen Sie sich möglicherweise dauernd auf der Hut, angespannt oder reizbar.

Besonders viel Erregung werden Sie spüren, wenn sie Situationen, Menschen und Reizen begegnen, die Sie an das traumatische Erlebnis erinnern. Wie oben erwähnt, haben solche Auslöser oft nur eine entfernte Ähnlichkeit mit dem traumatischen Ereignis und es ist notwendig, ihnen durch Selbstbeobachtung auf die Spur zu kommen.

Teilweise werden die Anzeichen der körperlichen Erregung wie Schlafprobleme durch die Dinge verstärkt, mit denen man sie in den Griff bekommen will. Manche solcher Versuche verbessern solche Probleme nicht, sondern machen sie im Gegenteil schlimmer. Ihr Therapeut wird mit Ihnen besprechen, wie Sie am besten damit umgehen sollten.

4. Vermeidung

Das Gefühl der Gefahr, das Wiedererleben von Teilen des Traumas und die körperliche Erregung sind belastend. Deswegen versuchen viele Menschen, sie dadurch in den Griff zu bekommen, dass sie alles vermeiden, was an das traumatische Erlebnis erinnern könnte (z. B. Orte, Personen, Gespräche, bestimmte Kleidungsstücke, Fernsehsendungen), oder sie versuchen, nicht daran zu denken. Oder sie versuchen, die Erinnerungen und Gedanken, die mit dem Trauma verbunden sind, zu unterdrücken oder zu vermeiden. Viele versuchen, mit den schmerzhaften Gefühlen und Gedanken an das Trauma dadurch fertigzuwerden, dass sie ihre Gefühle betäuben. Die *Vermeidung* ist ein Weg, um sich vor Dingen zu schützen, die Ihnen jetzt gefährlich erscheinen, und vor Erinnerungen und Gefühlen, die erschreckend und überwältigend erscheinen.

Vermeidung ist oft ein gutes Mittel, um *kurzfristig* Belastung zu vermindern. Wenn sie funktioniert, reduziert die Vermeidung unangenehme Gefühle. Aber sie ist *langfristig* gesehen oft nicht die beste Strategie, um das Trauma zu überwinden. Erstens ist es schwer, die eigenen Gedanken und Gefühle ganz und gar zu vermeiden. Sie kehren immer wieder. Tatsächlich werden Gedanken an das traumatische Erlebnis häufiger und hartnäckiger, wenn man sie mit Gewalt unterdrückt. So bekommt man den Eindruck, die Kontrolle über seine Gedanken und Gefühle immer mehr zu verlieren.

Zweitens vermeidet man oft deswegen, weil man erwartet, dass eine Katastrophe passiert, wenn man sich der Situation aussetzt und seinen Gedanken und Gefühlen freien Lauf lässt. Typische Befürchtungen sind zum Beispiel, dass die Gefühle einen überwältigen und man einen Nervenzusammenbruch bekommen oder dass man wieder eine Gewalttat, einen Unfall oder etwas anderes Schreckliches erleben wird. Es ist vollkommen verständlich, dass man Dinge vermeidet, von denen man glaubt, dass sie einem schaden könnten. Das Problem dabei ist jedoch, dass die Vermeidung einen daran hindert herauszufinden, dass die Befürchtungen übertrieben sind und dass die Welt nicht so gefährlich ist, wie sie einem nach einem traumatischen Erlebnis erscheint. So kann das eigene Leben durch die Vermeidung mehr und mehr eingeschränkt werden.

In der Therapie werden Sie mit Unterstützung durch Ihren Therapeuten lernen, nicht mehr vor dem Gefühl der Gefahr und den Erinnerungen an das traumatische Erlebnis „wegzulaufen“, sondern an ihnen zu arbeiten, um so das Wiedererleben und die körperliche Erregung langfristig in den Griff zu bekommen.

5. Gefühlstaubheit/Niedergeschlagenheit

Manche Menschen fühlen sich unwirklich oder wie losgelöst von ihrer Umgebung, wenn sie an das traumatische Ereignis erinnert werden. Viele betäuben ihre Gefühle, negative wie positive, absichtlich, um nicht von ihnen überwältigt zu werden. Eine solche *Gefühlstaubheit* kann zum Beispiel dazu führen, dass Sie sich von den Menschen, die Ihnen nahestehen, entfremdet fühlen. Es mag Ihnen so vorkommen, dass diese Menschen nicht verstehen können, was Sie durchgemacht haben, weil sie es nicht selbst erlebt haben.

Weitere übliche Reaktionen auf ein traumatisches Erlebnis sind *Niedergeschlagenheit, Traurigkeit oder Depression.* So haben Sie vielleicht Gefühle der Hoffnungslosigkeit und Verzweiflung, weinen häufig oder denken manchmal sogar daran, sich selbst zu verletzen oder das Leben zu nehmen. *Verlust von Interesse* an anderen Menschen oder an Aktivitäten, die einem sonst Freude gemacht haben, ist eine häufige Folge eines Traumas. Nichts macht einem mehr Spaß. Vielleicht fühlen Sie auch, dass das Leben nicht mehr lebenswert ist, und Ihre Zukunftspläne scheinen nicht mehr wichtig oder sinnvoll zu sein.

Verbunden mit dem Gefühl der Gefühlstaubheit und der Niedergeschlagenheit geben viele Menschen nach traumatischen Erlebnissen Beziehungen zu anderen oder früher bedeutsame Aktivitäten auf. In der Therapie werden Sie gemeinsam mit Ihrem Therapeuten planen, wie Sie Ihr Leben zurückerobern können.

6. Konzentrationsschwierigkeiten

Viele Menschen haben nach einem traumatischen Erlebnis *Schwierigkeiten, sich zu konzentrieren.* Dies ist auch eine übliche Reaktion auf ein traumatisches Erlebnis. Es ist frustrierend und beunruhigend, wenn man sich nicht darauf konzentrieren oder daran erinnern kann, was um einen herum geschieht. Diese Erfahrung kann dazu beitragen, dass man denkt, sich selbst nicht mehr im Griff zu haben oder verrückt zu werden. Es ist wichtig zu wissen, dass solche Konzentrationsprobleme wieder vorübergehen. Sie kommen dadurch zustande, dass das Gehirn versucht, mit dem traumatischen Erlebnis fertig zu werden. Es arbeitet daran, das Ereignis im Geiste immer wieder durchzugehen, um es zu verarbeiten. So hat man weniger geistige Kraft zur Konzentration auf andere Dinge zur Verfügung. Auch „kostet" es viel geistige Kraft, die Erinnerungen an das Ereignis ständig aus dem Kopf zu drängen. Je mehr man das traumatische Erlebnis verarbeitet, desto mehr kehrt auch die Konzentration zurück.

7. Kontrollverlust

Die meisten Menschen haben während des traumatischen Erlebnisses das Gefühl, dass sie überhaupt nichts tun konnten, um das Schlimmste zu verhindern. Viele empfinden, dass sie jegliche Kontrolle über ihre Gefühle, ihren Körper, ihre körperliche Sicherheit oder über ihr Leben verloren haben. Wie Sie in dem Abschnitt zum Wiedererleben gelesen haben, ist das Gedächtnis für das traumatische Erlebnis in unverarbeiteter Form gespeichert und so treten Gefühle wie *Kontrollverlust* aus dem traumatischen Erlebnis in der ursprünglichen intensiven Form wieder auf, wenn man an das Trauma erinnert wird. Das Gefühl des Kontrollverlusts kann so intensiv sein, dass man denkt *„Ich werde verrückt"* oder *„Ich drehe durch".*

Hinzu kommt, dass viele Menschen darüber beunruhigt sind, dass ihre Gedanken und Erinnerungen an das traumatische Erlebnis ungewollt auftreten. Dies verstärkt das Gefühl, die Kontrolle zu verlieren. Hier ist es wichtig zu erkennen, dass die ungewollten Erinnerungen oft durch Situationen und Reize ausgelöst werden, die entfernt an das Trauma erinnern. Weiterhin ist es wichtig zu erkennen, dass Versuche, die Erinnerungen mit Gewalt zu unterdrücken, sie oft nur noch häufiger auftreten lassen. Schließlich werden Sie im Laufe der Therapie das traumatische Erlebnis verarbeiten und so Ihr Gedächtnis für das Ereignis verändern, so dass das ungewollte Wiedererleben immer seltener und weniger intensiv auftreten wird.

8. Schuld- und Schamgefühle

In den Wochen und Monaten nach einem traumatischen Ereignis kommt es oft vor, dass Menschen immer wieder darüber nachdenken, was passiert ist und wie sie den Verlauf der Dinge hätten beeinflussen können. Viele machen sich Vorwürfe, dass sie bestimmte Dinge getan oder nicht getan haben oder dass sie anders hätten reagieren sollen. Dies ist mit Schuld- oder Schamgefühlen verbunden. Es ist so, als ob man versucht, *nach* dem Ereignis in Gedanken alles wieder in Ordnung zu bringen und zum Beispiel zu denken: „Wenn ich nur dieses und jenes getan hätte..." oder „Wenn ich nur dies nicht gemacht hätte ...", „... dann wäre alles anders gekommen".

Viele machen sich auch Vorwürfe, dass sie über das traumatische Ereignis noch nicht hinweggekommen sind. Sie betrachten das als Zeichen ihrer Schwäche oder Unzulänglichkeit, und nicht als normale menschliche Reaktion auf unerträgliche Belastung.

Leider tragen manchmal auch andere Menschen wie Verwandte oder Freunde zu solchen Selbstvorwürfen bei. Denn manche Menschen geben fälschlicherweise den Opfern von Gewalt statt den Tätern die Schuld. Auch verstehen andere Menschen teilweise normale Reaktionen auf traumatische Erlebnisse nicht und sagen deshalb, man solle sich einfach zusammenreißen.

Selbstvorwürfe sind nicht hilfreich, weil sie zu Gefühlen von Hilflosigkeit, Depression und geringem Selbstwert führen. Wenn Sie sich solche Selbstvorwürfe machen, werden Sie sie mit Ihrem Therapeuten besprechen und daran arbeiten.

9. Ärger

Eine weitere, verbreitete Reaktion auf ein traumatisches Ereignis ist *Ärger*. Dieser Ärger bezieht sich oft auf die Person, die verantwortlich dafür ist, dass man verletzt, missbraucht oder in seinem Leben beeinträchtigt wurde. Aber Ärgergefühle können auch hervorgerufen werden, wenn man durch bestimmte Personen oder Situationen an das Trauma erinnert wird, auch wenn diese nichts damit zu tun haben.

So bemerken viele Menschen nach einem Trauma, dass nahestehende Personen (Familie, Freunde, Ehepartner, Kinder) sie ärgerlich machen. Manchmal haben Sie vielleicht *Wutausbrüche* gegenüber den Menschen, die Ihnen am meisten bedeuten. Das ist verwirrend: Warum ist man so ärgerlich auf diejenigen, die man gerne hat? Dies liegt teilweise daran, dass man sich durch das Trauma in einem Zustand hoher Erregung befindet (siehe Punkt 3) und deswegen nicht mehr so gelassen reagiert. Auch kann es sein, dass man im Umgang mit nahestehenden Personen Gefühle von Abhängigkeit, Verletzlichkeit und Hilflosigkeit erlebt, die einen an das Trauma erinnern und deswegen ärgerlich machen.

Manchmal kommt es vor, dass man sich so ärgerlich fühlt, dass man laut fluchen oder jemanden schlagen möchte. Wenn man es nicht gewohnt ist, so ärgerlich zu werden, kommen einem solche Gefühle fremd vor. Man erkennt sich selbst nicht wieder oder weiß nicht, wie man mit dem Ärger fertig werden soll. Hier ist es wichtig zu erkennen, dass der Ärger eine verbreitete Reaktion auf das traumatische Erlebnis ist, die abklingt, wenn man das Erlebnis verarbeitet hat.

Teilweise hängt der Ärger auch damit zusammen, dass man sich dagegen auflehnt, dass es unfair ist, dass man das Trauma erlebt hat, dass andere eventuell besser weggekommen sind oder dass man von anderen nach dem Erlebnis nicht richtig behandelt wurde.

In der Behandlung werden Sie mit Ihrem Therapeuten besprechen, wie Sie besser mit Ihrem Ärger fertig werden können.

10. Selbstbild

Traumatische Erlebnisse können zu negativen Veränderungen im Selbstbild führen. Sowohl das traumatische Erlebnis als auch die darauf folgenden Gefühle können Anlass für Selbstkritik und Selbstzweifel sein. Zum Beispiel mögen Sie denken: „Mir passieren schlimme Dinge, weil ich ein schlechter Mensch bin“ oder „Wenn ich nicht so schwach und dumm gewesen wäre, wäre mir das nicht passiert“. Oder Sie mögen mit sich hart ins Gericht gehen, weil Sie noch nicht über das Trauma hinweggekommen sind und noch nicht zu Ihrem normalen Leben zurückgekehrt sind.

Viele Menschen sagen, dass das Trauma sie völlig verändert hat. Zum Beispiel sagen sie: „Vor dem Trauma hatte ich vor nichts Angst und konnte mit allen Belastungen fertig werden, ganz egal wie schwer die Situation war, und ich konnte mit anderen auskommen. Jetzt aber habe ich vor allem Angst und kann noch nicht mal mit kleinen Problemen fertigwerden.“ Manche empfinden, das traumatische Erlebnis war „der Tropfen, der das Fass zum Überlaufen brachte". Es scheint zu bestätigen, was sie schon lange im Geheimen „wussten", zum Beispiel, dass sie sich selbst nicht trauen können oder dass sie nicht mal mit der kleinsten Schwierigkeit fertigwerden.

Falls sich Ihr Selbstbild zum Negativen geändert hat, werden Sie darüber mit Ihrem Therapeuten sprechen.

11. Negative Sicht der Welt

Nach einem traumatischen Erlebnis sehen viele Menschen die Welt und andere Menschen in einem anderen, negativen Licht. So mag Ihnen die Welt, die Ihnen vorher sicher erschien, plötzlich sehr gefährlich vorkommen. Oder Sie mögen denken, dass Sie niemandem mehr trauen können. Andere Menschen, die bereits vor dem traumatischen Erlebnis schlechte Erfahrungen gemacht haben und negativ über sich selbst, die Welt und andere Menschen dachten, sehen in dem Trauma eine Bestätigung ihrer Überzeugungen, wie zum Beispiel „Die Welt ist gefährlich" oder „Man kann niemandem trauen".

Falls Sie solche negativen Gedanken haben, werden Sie darüber mit Ihrem Therapeuten sprechen.

12. Erinnerungen an die Vergangenheit

Schließlich kann ein traumatisches Erlebnis auch Erinnerungen an ähnliche Ereignisse in der Vergangenheit hervorrufen. So erinnert man sich plötzlich wieder lebhaft an Geschehnisse, die man schon vergessen oder hinter sich gelassen hatte, und die ebenso erschütternd sein können wie das vor kurzem erlittene Trauma. Was einen während des Traumas an diese früheren Erlebnisse erinnert, können ähnliche *Eindrücke und Empfindungen* sein (zum Beispiel ein kaltes Gefühl im Körper, die Stimme eines wütenden Mannes) oder eine ähnliche *Bedeutung* der Situation (zum Beispiel Ereignisse, bei denen man sich als verletzlich und hilflos fühlte oder man glaubte, in Lebensgefahr zu sein). Wie beim Abschnitt zum Wiedererleben dargestellt, können solche Auslöser für vergangene Erinnerungen eine nur sehr entfernte Ähnlichkeit haben, so dass es schwierig sein kann, sie zu erkennen.

Erinnerungen an vergangene Erlebnisse werden manchmal so intensiv wachgerufen, dass es schwierig ist, sich an vergangene Ereignisse oder Situationen zu erinnern, die man *nicht* als negativ empfand. Manchmal kann man sich auch nicht vorstellen, dass man je wieder froh sein wird oder ein normales Leben führen wird. Aber Sie werden das können. Es *ist* möglich, diese schmerzhaften Erinnerungen hinter sich zu bringen.

Schlussfolgerung

Dieses Informationsblatt hat Sie über weit verbreitete Reaktionen auf traumatische Ereignisse informiert und Sie konnten feststellen, welche besonders auf Sie zutreffen. *Die wichtigste Mitteilung dieses Blattes ist: die Gefühle, Gedanken und körperlichen Reaktionen, die Sie empfinden, sind vollkommen normal. Sie stellen eine natürliche und menschliche Reaktion auf extreme Belastung dar.* Daher werden die Probleme, die Sie durchmachen, „Posttraumatische Belastungsstörung" genannt. Sie deuten darauf hin, dass Sie bisher noch nicht mit dem traumatischen Erlebnis fertiggeworden sind. So nehmen Sie immer wieder ein Gefühl der Gefahr wahr und erleben Teile des Erlebnisses immer wieder.

In der Therapie werden Sie noch mehr darüber lernen, wie das Gefühl der Gefahr und das Wiedererleben zustande kommt. Sie werden lernen, die Erinnerung an das Trauma zu verarbeiten und mit den belastenden Gedanken und Gefühlen fertig zu werden. Auch werden Sie darüber nachdenken, welche Bedeutung das Trauma für Ihre Sicht auf sich selbst und die Welt hat. Schließlich werden Sie Ihr Leben zurückerobern.

Dies wird dazu führen, dass die Erinnerungen an das Trauma Sie nicht mehr überwältigen und dass Sie das Trauma hinter sich lassen können. So wird es zum Teil Ihrer Vergangenheit werden und nicht mehr Ihr gegenwärtiges Leben bestimmen.

Fragebogen zu Gedanken nach traumatischen Erlebnissen

Teil 1: PTCI[1]

In diesem Fragebogen finden Sie eine Reihe von Gedanken, die Menschen nach traumatischen Erlebnissen wie Gewalttaten oder schweren Unfällen haben können. Wir interessieren uns dafür, welche Gedanken SIE *im letzten Monat* in Bezug auf Ihr traumatisches Erlebnis hatten.
Bitte lesen Sie jede Aussage sorgfältig durch und entscheiden Sie, wie sehr Sie im letzten Monat dieser Aussage zugestimmt haben oder anderer Meinung waren. Bitte geben Sie Ihre Antwort an, indem Sie die Zahl aus der unten angegebenen Skala aussuchen, die am besten beschreibt, wie sehr Sie der Aussage zustimmen. Schreiben Sie dann diese Zahl links neben die jeweilige Aussage. Menschen unterscheiden sich stark in ihren Reaktionen auf traumatische Erlebnisse; es gibt keine richtigen oder falschen Antworten in diesem Fragebogen.

1	2	3	4	5	6	7
Völlig anderer Meinung	Stark anderer Meinung	Eher anderer Meinung	Neutral	Stimme ein wenig zu	Stimme stark zu	Stimme völlig zu

____ 1. Meine Reaktionen auf das Erlebnis zeigen, dass ich verrückt werde.
____ 2. Jemand anders hätte verhindert, dass das Trauma passierte.
____ 3. Ich fühle mich wie ein Ding und nicht wie ein menschliches Wesen.
____ 4. Ich muss immer auf der Hut sein.
____ 5. Mir kann nichts Gutes mehr passieren.

____ 6. Ich werde meinen Ärger nicht unter Kontrolle behalten und werde etwas Schreckliches tun.
____ 7. Das Trauma passierte, weil ich die Person bin, die ich bin.
____ 8. Die Welt ist gefährlich.
____ 9. Ich erkenne mich selbst nicht wieder.
____ 10. Wenn ich an das Ereignis denke, werde ich es nicht ertragen können.

____ 11. Anderen Menschen kann man nicht vertrauen.
____ 12. Mein Leben wurde durch das Ereignis zerstört.
____ 13. Jemand anderes wäre nicht in diese Situation geraten.
____ 14. Ich werde nicht einmal mit der kleinsten Widrigkeit fertig.
____ 15. Ich fühle mich innerlich tot.

____ 16. Andere Menschen sind nicht so, wie sie zu sein scheinen.
____ 17. Ich kann mich nicht auf mich verlassen.
____ 18. Mit mir stimmt etwas nicht.
____ 19. Ich werde nie mehr normale Gefühle empfinden können.
____ 20. Ich muss ganz besonders vorsichtig sein, weil man nie wissen kann, was als Nächstes passiert.

[1] Teil 1: © PTCI, Foa, Ehlers & Clark, 1999; vorläufige deutsche Übersetzung von Ehlers & Boos

___21. Meine Reaktionen auf das Erlebnis zeigen, dass ich mit Schwierigkeiten nicht fertig werde.
___22. Ich bin unzulänglich.
___23. Man kann nie wissen, wer einem Schaden zufügen wird.
___24. Ich fühle mich isoliert und von anderen entfremdet.

___25. Ich habe keine Zukunft.
___26. Ich habe etwas an mir, was zu dem Ereignis führte.
___27. Ich habe mich dauerhaft zum Schlechten verändert.
___28. Ich kann mich auf andere Menschen nicht verlassen.
___29. Ich kann mich nicht darauf verlassen, dass ich das Richtige tue.

___30. Ich bin schwach.
___31. Das Ereignis passierte aufgrund der Art und Weise, wie ich mich verhalten habe.
___32. Ich war vorher glücklich, aber jetzt bin ich immer unglücklich.
___33. Ich kann nicht verhindern, dass mir etwas Schlimmes zustößt.

___34. Ich werde die Gedanken an das Ereignis nicht ertragen können und werde zusammenbrechen.
___35. Ich werde meine Gefühle nicht kontrollieren können, und etwas Schreckliches wird passieren.
___36. Man weiß nie, wann etwas Schreckliches passieren wird.
___37. Ich sollte schon längst darüber hinweg sein.

Teil 2: IPSI[2]

___38. Meine Reaktionen seit dem Ereignis zeigen, dass ich den Verstand verliere.
___39. Meinen Reaktionen seit dem Ereignis zeigen, dass ich nie darüber hinwegkommen werde.
___40. Meine Reaktionen seit dem Ereignis zeigen, dass mit mir etwas Schwerwiegendes nicht stimmt.
___41. Ich werde vor lauter Ärger durchdrehen.
___42. Wenn ich mich innerlich wie betäubt fühle, bedeutet das, dass ich nie wieder mit der Welt/meiner Umgebung in Verbindung stehen werde.

___43. Etwas Entsetzliches wird passieren, wenn ich nicht versuche, meine Gedanken über das Ereignis zu kontrollieren.
___44. Wenn ich meine Gedanken und Gefühle über das Ereignis nicht unter Kontrolle bringen kann, werde ich verrückt.
___45. Wenn ich Dinge nach dem Ereignis vermeide, bin ich ein Feigling.
___46. Wenn ich nicht alle meine Ängste überwinden kann, bedeutet das, dass ich ein Versager bin.
___47. Wenn ich meine Gefühle nicht kontrollieren kann, werde ich zusammenbrechen.
___48. Meine Reaktionen seit dem Ereignis zeigen, dass ich mich als Mensch zum Schlechten verändert habe.

[2] Teil 2: © IPSI, Dunmore, Ehlers & Clark, 1999; vorläufige deutsche Übersetzung von Ehlers

Auswertung des Fragebogens zu Gedanken nach traumatischen Erlebnissen

Der hier dargestellte Fragebogen hat 2 Teile. Beim ersten Teil handelt es sich um eine vorläufige deutsche Übersetzung des „Post-traumatic Cognitions Inventory (PTCI)" von Foa, Ehlers, Clark, Tolin & Orsillo (1999). Die Items 34 bis 37 sind Zusatzitems des PTCI, die sich in der Erprobung befinden.

Beim zweiten Teil handelt es sich um eine vorläufige Übersetzung der besten Items des „Fragebogens zu dysfunktionalen Interpretationen von PTB-Symptomen" (Interpretation of PTSD Symptoms Inventory von Dunmore, Clark & Ehlers (1999), ergänzt um einige neue Items von Ehlers.

Auswertung von Teil 1:

1. Gesamtwert = Summe der Items 1 bis 33.

2. Sub-Skalen:

   Negative Gedanken zum Selbst:
   Summe der Items 1, 3, 5, 6, 9, 10, 12, 15, 17, 18, 19, 21, 22, 24, 25, 27, 29, 30, 32, 33 berechnen, durch 21 teilen

   Negative Gedanken über die Welt:
   Summe der Items 4, 8, 11, 16, 20, 23, 28 berechnen, durch 7 teilen

   Selbstvorwürfe:
   Summe der Items 2, 7, 13, 26, 31 berechnen, durch 5 teilen

3. Vergleichswerte:

Traumatisierte Personen mit PTB:	Gesamtwert:	133(+/– 44)
	Selbst:	3.6(+/– 1.5)
	Welt:	5.0(+/– 1.3)
	Selbstvorwürfe:	3.2(+/– 1.7)

Auswertung von Teil 2:

Summe der Items 38 bis 48, durch 11 teilen.

Vergleichswert für traumatisierte Personen mit PTB: 3.4(+/– 1.0)

Fragebogen zum Umgang mit traumatischen Erlebnissen[1]

Teil 1:

Was tun Sie, wenn Ihnen ungewollt Erinnerungen an das traumatische Erlebnis in den Kopf kommen? Bitte kreuzen Sie die Antwort an, die am besten auf Sie zutrifft.

1.	Ich versuche, mir die Erinnerungen aus dem Kopf zu schlagen.	Nie	Manchmal	Oft	Immer
2.	Ich versuche, die Erinnerung an das Erlebnis auszulöschen.	Nie	Manchmal	Oft	Immer
3.	Ich strenge mich an, meine Gefühle unter Kontrolle zu halten	Nie	Manchmal	Oft	Immer
4.	Ich lenke mich mit etwas anderem ab.	Nie	Manchmal	Oft	Immer
5.	Ich denke an etwas anderes.	Nie	Manchmal	Oft	Immer
6.	Ich halte mich ständig mit anderen Dingen beschäftigt.	Nie	Manchmal	Oft	Immer
7.	Ich baue meine Anspannung mit sexuellen Phantasien/Aktivitäten ab.	Nie	Manchmal	Oft	Immer
8.	Ich denke darüber nach, wie anders mein Leben gewesen wäre, wenn das Ereignis nicht eingetreten wäre.	Nie	Manchmal	Oft	Immer
9.	Ich grübele darüber nach, wie das Ereignis hätte verhindert werden können.	Nie	Manchmal	Oft	Immer
10.	Ich denke darüber nach, warum das Ereignis gerade mir passiert ist.	Nie	Manchmal	Oft	Immer
11.	Ich grübele darüber nach, was für ein Mensch ich vor dem Ereignis gewesen bin.	Nie	Manchmal	Oft	Immer
12.	Ich grübele darüber nach, was andere Leute mir angetan haben.	Nie	Manchmal	Oft	Immer
13.	Ich grübele darüber nach, was ich falsch gemacht habe.	Nie	Manchmal	Oft	Immer
14.	Ich sage mir, dass es auch schlimmer hätte ausgehen können.	Nie	Manchmal	Oft	Immer
15.	Ich betäube meine Gefühle.	Nie	Manchmal	Oft	Immer
16.	Ich trenne mich innerlich von den Erinnerungen ab.	Nie	Manchmal	Oft	Immer
17.	Ich tue so, als sei es jemand anderem passiert.	Nie	Manchmal	Oft	Immer
18.	Ich gleite in meine eigene innere Welt ab.	Nie	Manchmal	Oft	Immer
19.	Ich trinke Alkohol oder nehme Medikamente oder Drogen.	Nie	Manchmal	Oft	Immer
20.	Ich rauche.	Nie	Manchmal	Oft	Immer
21.	Ich mache laute Musik oder das Fernsehen an.	Nie	Manchmal	Oft	Immer

[1] © Ehlers, 1998

Teil 2:

Nach einem traumatischen Erlebnis, *vermeiden* einige Menschen bestimmte Situationen, weil sie sie als unangenehm oder ängstigend empfinden. Bitte kreuzen Sie die Antwort an, die am besten beschreibt, wie oft Sie die folgenden Situationen oder Orte vermeiden, weil Sie sich dort unwohl, ängstlich oder nicht sicher fühlen würden. Wenn Sie einige dieser Situationen in den letzten Wochen nicht erlebt haben, so geben Sie bitte an, wie Sie sich wahrscheinlich in der Situation verhalten hätten.

		VERMEIDE ICH			
1.	Mit anderen über das Ereignis oder seine Folgen sprechen.	Nie	Manchmal	Oft	Immer
2.	An das Ereignis von anderen erinnert werden.	Nie	Manchmal	Oft	Immer
3.	Andere Leute sehen, die an dem Ereignis beteiligt waren oder ähnlich aussehen.	Nie	Manchmal	Oft	Immer
4.	Leute treffen, mit denen ich vor dem Ereignis meine Freizeit verbracht habe.	Nie	Manchmal	Oft	Immer
5.	An das Ereignis denken.	Nie	Manchmal	Oft	Immer
6.	Fernsehprogramme oder Filme sehen bzw. Zeitungsartikel oder Bücher lesen über ähnliche Ereignisse.	Nie	Manchmal	Oft	Immer
7.	An den Ort/ in die Nähe des Ortes gehen, wo es passiert ist.	Nie	Manchmal	Oft	Immer
8.	Umstände, die mich an das Ereignis erinnern (z. B. Dunkelheit). Welche: ____________________	Nie	Manchmal	Oft	Immer
9.	Krankenhäuser/Krankenwagen/ Untersuchungen beim Arzt.	Nie	Manchmal	Oft	Immer
10.	Polizei.	Nie	Manchmal	Oft	Immer
11.	Sport/körperliche Betätigung.	Nie	Manchmal	Oft	Immer
12.	Sexualität.	Nie	Manchmal	Oft	Immer
13.	Ausgehen.	Nie	Manchmal	Oft	Immer
14.	Situationen, die meinen Körper belasten.	Nie	Manchmal	Oft	Immer
15.	Situationen, die starke Gefühle bei mir auslösen.	Nie	Manchmal	Oft	Immer
16.	Situationen, in denen andere mich/mein Erscheinungsbild/meine Leistung beurteilen.	Nie	Manchmal	Oft	Immer

Teil 3:

Nach einem traumatischen Erlebnis treffen einige Menschen bestimmte Vorsichtsmaßnahmen, um ihr Leben und das nahestehender Personen sicherer zu machen. Haben Sie seit dem traumatischen Erlebnis begonnen, einige der folgenden Dinge zu tun, um sich sicherer zu fühlen? Bitte geben Sie an, wie häufig Sie diese Vorsichtsmaßnahmen treffen.

		TRIFFT AUF MICH ZU			
1.	Ich stelle sicher, dass ich nicht allein bin.	Nie	Manchmal	Oft	Immer
2.	Ich bin überbehütend gegenüber nahestehenden Menschen.	Nie	Manchmal	Oft	Immer
3.	Ich treffe Vorsichtsmaßnahmen, was ich auch mache.	Nie	Manchmal	Oft	Immer
4.	Ich vermeide Situationen, die möglicherweise gefährlich sind.	Nie	Manchmal	Oft	Immer
5.	Ich gehe keine Risiken ein.	Nie	Manchmal	Oft	Immer
6.	Ich kaufe spezielle Versicherungen.	Nie	Manchmal	Oft	Immer
7.	Ich überprüfe sorgfältig, ob alle Türen/Fenster abgeschlossen sind.	Nie	Manchmal	Oft	Immer
8.	Ich schaue, wie ich eine Situation am schnellsten wieder verlassen könnte.	Nie	Manchmal	Oft	Immer
9.	Ich fange nichts Neues an.	Nie	Manchmal	Oft	Immer
10.	Ich halte meine Gefühle unter Kontrolle.	Nie	Manchmal	Oft	Immer
11.	Ich überprüfe meinen Körper nach Anzeichen von Krankheit.	Nie	Manchmal	Oft	Immer
12.	Ich nehme keine Veränderungen in meinem Leben vor.	Nie	Manchmal	Oft	Immer
13.	Ich versuche, meinen Verstand unter Kontrolle zu halten.	Nie	Manchmal	Oft	Immer
14.	Ich versuche, meine Gefühle nicht zu zeigen.	Nie	Manchmal	Oft	Immer
15.	Ich stelle sicher, dass ich immer sehen kann, was vor sich geht.	Nie	Manchmal	Oft	Immer
16.	Ich unternehme besondere Anstrengungen, um sicherzustellen, dass meine Umgebung sicher ist.	Nie	Manchmal	Oft	Immer
17.	Ich vermeide es, Entscheidungen zu treffen.	Nie	Manchmal	Oft	Immer
18.	Ich prüfe, ob Leute in meiner Umgebung verdächtig aussehen.	Nie	Manchmal	Oft	Immer
19.	Ich trage eine Waffe bei mir.	Nie	Manchmal	Oft	Immer
20.	Ich lasse das Licht nachts beim Schlafen an.	Nie	Manchmal	Oft	Immer
21.	Ich stelle sicher, dass ich immer ein Telefon in meiner Nähe habe, damit ich Hilfe rufen könnte.	Nie	Manchmal	Oft	Immer
22.	Ich mache Pläne, was zu tun ist, wenn Dinge schief gehen.	Nie	Manchmal	Oft	Immer

Auswertung des Fragebogens zum Umgang mit traumatischen Erlebnissen

Zur Therapieplanung ist die Betrachtung der einzelnen Items nützlich. Der Fragebogen befindet sich noch in der Entwicklung, so dass noch keine Vergleichswerte für Summenwerte vorliegen.

Teil 1:
Dieser Fragebogenteil erfasst dysfunktionale Strategien im Umgang mit dem intrusiven Wiedererleben. Im Einzelnen handelt es sich um die folgenden Gruppen von Strategien:

- Fragen 1 bis 7: Versuche der Gedankenunterdrückung und Ablenkung;
- Fragen 8 bis 14: Grübeln über das traumatische Erlebnis und seine Folgen;
- Fragen 15 bis 18: Dissoziation;
- Fragen 19 bis 21: Andere Strategien zur „Betäubung" der Emotionen, die durch das Wiedererleben ausgelöst werden.

Teil 2:
Dieser Fragebogenteil erfasst zum einen die Vermeidung von Situationen, die an das Trauma erinnern. Zum anderen wird auch die Vermeidung von Situationen erfasst, die Patienten vermeiden, weil sie meinen, seit dem Trauma besonders schwach oder wenig belastbar zu sein.

Teil 3:
In diesem Fragebogenteil geht es um sogenanntes „Sicherheitsverhalten", das sind übertriebene Vorsichtsmaßnahmen, mit denen erwartete Katastrophen verhindert oder abgemildert werden sollen. Es ist sinnvoll, je nach Art des Traumas spezifische Formen des Sicherheitsverhaltens zusätzlich zu explorieren (z. B. ständig in den Rückspiegel schauen nach einem Autounfall).

Ratingskala zur Erfassung des Therapieverlaufs bei der PTB[1]

Bitte schätzen Sie ein, was Sie **IN DIESEM MOMENT** in Bezug auf Ihr traumatisches Erlebnis empfinden:

Wenn Sie zurückdenken an Ihr traumatisches Erlebnis und die Dinge, die darauf folgten, wie **BELASTET/ERSCHÜTTERT** fühlen Sie sich?

0	10	20	30	40	50	60	70	80	90	100
Überhaupt nicht										Extrem

Zu welchem Grad, meinen Sie, haben Sie sich mit dem traumatischen Erlebnis **ABGEFUNDEN**?

100	90	80	70	60	50	40	30	20	10	0
Vollkommen										Überhaupt nicht

Buchtips

Frank Jacobi / Andreas Poldrack (Hrsg.)

Klinisch-Psychologische Forschung

Ein Praxishandbuch, 2000, X/322 Seiten, DM 59,– sFr. 51,– / öS 431,– • ISBN 3-8017-1265-6

Das Buch ist als Leitfaden für die Forschungspraxis konzipiert. Es werden Themen und Rahmenbedingungen klinisch-psychologischer Forschung im allgemeinen beschrieben sowie spezielle methodische Aspekte dargestellt. Besonders betont werden verschiedene Möglichkeiten der Verwertung und Verbreitung von Forschungsergebnissen. Zahlreiche Adressen und Verweise auf Forschungsgruppen sowie zusätzliche Informationen auf einer eigenen Website (http://www.hogrefe.de/buch/online/klinforschung/index.html) zum Buch bieten insbesondere Diplomanden und Doktoranden Hilfestellungen und Anregungen für die Planung und Durchführung klinisch-psychologischer Forschungsprojekte.

Harold I. Kaplan / Benjamin J. Sadock

Klinische Psychiatrie

2000, XII/517 Seiten, geb., DM 98,– sFr. 85,– / öS 715,– • ISBN 3-8017-1075-0

Die deutsche Bearbeitung des *Pocket Handbook of Clinical Psychiatry* bietet einen umfassenden Überblick über verschiedene Störungsbilder und deren Therapie. Durch die enge Anlehnung an das DSM-IV entspricht die deutsche Bearbeitung dem aktuellen diagnostischen Standard. Das Buch erlaubt einen schnellen Zugriff auf Schlüsselinformationen über Ätiologie, Epidemiologie und klinische Bilder psychischer Störungen. Daneben finden sich Informationen zu psychopharmakologischen und psychotherapeutischen Behandlungsmöglichkeiten.

Hogrefe - Verlag

Rohnsweg 25, 37085 Göttingen • http://www.hogrefe.de

Buchtips

Klaus Grawe

Psychologische Therapie

1998, XX/774 Seiten, geb., DM 98,– / sFr. 85,– öS 715,– • ISBN 3-8017-0978-7

Was sind die wirksamen Faktoren der Psychotherapie? Wie lassen sich Entstehung, Aufrechterhaltung und Veränderung psychischer Störungen erklären? Eine Therapeutin, ein Therapieforscher und ein grundlagenwissenschaftlicher Psychologe diskutieren diese Fragen in drei aufeinander aufbauenden Dialogen und entwickeln auf dieser Grundlage ein Modell für eine psychologisch begründete Therapiepraxis. Klaus Grawe legt mit diesem Buch eine fundierte Theorie der Psychotherapie vor.

Martin Härter / Mechthild Groß-Hardt
Mathias Berger (Hrsg.)

Leitfaden Qualitätszirkel in der Psychiatrie und Psychotherapie

1999, XVIII/422 Seiten, Großformat, geb., DM 98,– / sFr. 85,– / öS 715,– ISBN 3-8017-1251-6

Das Buch bietet zahlreiche Hinweise für eine erfolgreiche Gestaltung von Qualitätszirkeln. Ziel ist es, Ärzte und Psychologen mit den Arbeitsmethoden und möglichen Anwendungsfeldern modernen Qualitätsmanagements vertraut zu machen. Der Band enthält Moderatormanuale mit umfangreichen Arbeitsmaterialien zu häufig in der Praxis vorkommenden psychischen Störungen, die die themenzentrierte Arbeit in Qualitätszirkeln sinnvoll unterstützen sowie in anderen Formen der Weiterbildung eingesetzt werden können.

Hogrefe - Verlag

Rohnsweg 25, 37085 Göttingen • http://www.hogrefe.de